VIVIENDO EN LA NUEVA ERA
CÓMO TRASCENDER AL 2012
UTILIZANDO LAS SIETE LEYES
DE LA METAFÍSICA

Miguel Dammert Krebs
2012

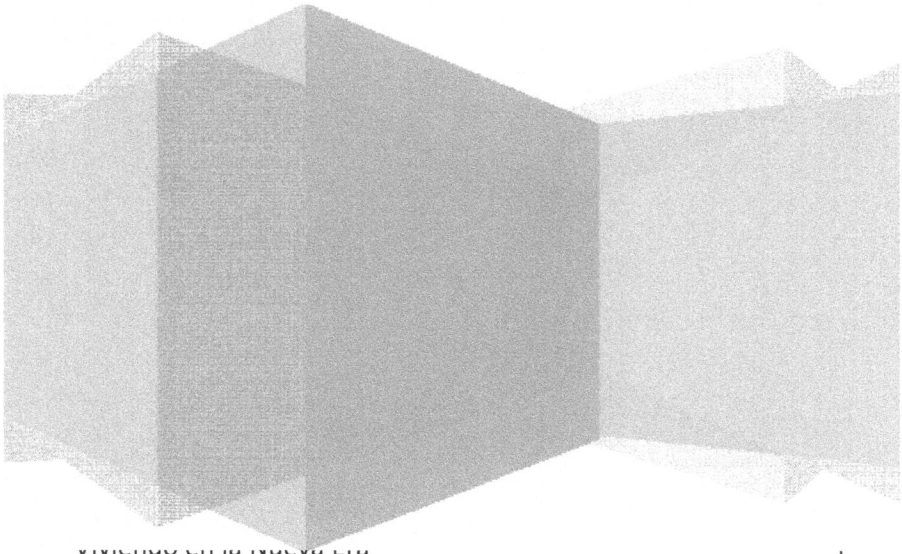

editatú
editores e impresores

Viviendo en La Nueva Era: *Cómo Trascender al 2012 Utilizando las Siete Leyes de la Metafísica*

© Miguel Dammert Krebs

© Editatú Editores e Impresores de José Carlos Alvariño
Pumacahua 922 - Jesús María / Telf.: 330--4815

Primera edición: Abril 2011
Tiraje: 500 ejemplares

ISBN: 978-612-45126-2-9
Hecho el Depósito Legal en la Biblioteca Nacional del Perú: 2011-05801

Diseño y diagramación: Victoria Nureña Torres
Diseño de carátula: José Carlos Alvariño

Impreso por:
Mad Corp S.A.
Emilio Althaus 355-Lince

Dedicatoria

Este libro se lo dedico a mis hijos Valeria, Daniela, Jose Antonio y Miguel (los últimos serán los primeros). Espero poder transmitirles con él, cuánto los quiero y me importan.

También este libro se lo dedico a todas las personas que han pasado (y van a pasar) por mi vida, porque todas, absolutamente todas, aportan un poco o mucho a lo que soy.

Te incluyo a ti también, que tienes este libro al frente, nos conozcamos ya, o no. Si no nos hemos conocido todavía en esta vida, creo que mientras estés leyéndolo, nos iremos conociendo o reconociendo.

Espero que disfrutes este libro leyéndolo tanto como yo he disfrutado escribiéndolo.

INTRODUCCIÓN

Hace tiempo que me ronda la idea de escribir un libro. Dicen que uno en la vida debe tener 1 hijo (¡yo ya tuve 4!), plantar un árbol (he plantado algunos) y escribir un libro. Así es que me faltaba escribir el libro. Pero cuando quieres comenzar, con tantas cosas y vivencias que quisieras compartir, te abrumas con la idea y se hace difícil sintetizar que es lo que quieres contar, a quienes les puede gustar o interesar lo que escribirás y quien te criticará o cuestionará tus conceptos, ideas y estilo.

Decidí que no me importaría nada de eso, que si siento que debo escribirlo debo hacerlo.

En este libro voy a tratar de sintetizar lo que ha logrado elaborar mi cerebro y entendimiento a partir de tantísima información que existe sobre lo que es la vida, de dónde venimos y hacia dónde vamos, desde la Metafísica.

Lo he llamado *Viviendo en la Nueva Era*, porque será en esta era de cambios fundamentales que se vienen, en la que somos invitados privilegiados y de excepción, donde tendremos que adaptarnos (o no) para vivir plenamente los nuevos tiempos.

Soy una persona muy normal, no tengo (aún) clarividencia, ni clariaudiencia, es decir, no veo ni escucho nada especial que me diferencie de la mayoría de seres humanos en este planeta. Es más, tengo tantos defectos y virtudes como seguramente los tendrás tú. Claro que, seguramente también, no serán los mismos, porque todos somos seres especiales e irrepetibles.

Mi vida ha estado en constante cambio y búsqueda de nuevas cosas, situación que para muchos de los que comparten conmigo les parece de lo peor ¿Por qué no paras, te estabilizas en un sitio y dejas de experimentar y tener siempre nuevos retos? No puedo pues.

Me gusta vivir la vida intensamente y le pongo mucha pasión a todo lo que me gusta hacer. He saltado en caída libre desde aviones (también de helicópteros) cientos de veces, he subido montañas, he andado en moto, he piloteado aviones, he cruzado a nado lagos, he hecho travesías en mares, he viajado mucho y de todas las formas. Me he propuesto nuevas metas y cambios muchas veces. Claro que también me he golpeado muchas veces, fuerte y ¡ha dolido! Pero cada golpe me ha llevado al siguiente paso y he aprendido cada vez más, ¿qué más puedo pedir?

Ahora que recuerdo todo lo que he hecho, creo que es justo y necesario dar, por este medio, mi sincero agradecimiento y reconocimiento a mi queridísimo Ángel de la Guarda por haberme mantenido con vida hasta el día de hoy. Angelito querido, sé que te hecho trabajar mucho, que me has salvado la vida infinidad de veces, pero apuesto que te has entretenido más que yo, ¿o no?

Y pienso seguir así. Mis hijos me preguntan ¿cuándo vas a madurar papá? Y yo digo que nunca, porque cuando haya madurado ¡me empezaré a podrir!

Tengo mucho que aprender todavía y muchísimos golpes nuevos seguramente me están esperando. Pero lo importante del golpe es lo que aprendes de él, pues si no aprendes nada, el porrazo no sirvió para nada. La vida tiene esa necesidad de enseñarte lo que has venido a aprender y si no aprendes, te va a volver a dar en el mismo sitio y cada vez más fuerte, hasta que asimiles lo que has venido a aprender.

Todos somos alumnos de la vida, hemos venido a aprender tantas cosas que nuestras innumerables vidas en esta tierra parecen ser muy pocas. Y lo que en realidad es importante aprender es como ser mejores seres humanos, porque al ser mejores nosotros estamos enseñando a otros a serlo en un efecto dominó. Como referencia te digo que los mejores alumnos de la vida son automáticamente los mejores maestros y llegan a mucha gente. Jesús y Buda son los más grandes, pero hay muchos más.

Los temas por los que iremos andando a veces podrán parecer aislados, pero a medida que avancemos sobre cada uno, podrás ir entendiendo como se integran en un todo y cómo nos pueden ayudar en nuestra vida diaria en La Nueva Era.

Existen muchas formas de ver y entender la vida, dependiendo de dónde te sitúes. Si eres un empresario y tu vida son las empresas, seguramente que la vida la verás y entenderás desde las finanzas, la organización empresarial, el capital, las utilidades, la competencia y todo lo que tenga que ver con la expansión de tu negocio.

Si eres un religioso seguramente entenderás más la vida desde tu iglesia, verás todo el mundo alrededor de esa perspectiva; el biólogo comprenderá el mundo desde los sistemas biológicos, la vida orgánica, la interacción de los ecosistemas, etc.; el pobre la verá desde su pobreza y el rico desde su riqueza.

Pero también somos capaces de ver la vida desde otros ángulos, dependiendo dónde nos ubiquemos y también del prisma que utilicemos para observarla.

Este libro pretende mostrarte la vida desde "el prisma" de la Metafísica. Es solamente otra visión del mundo en la que procuraré iniciarte, revelándote como percibir la vida desde el alma, desde la conciencia, desde las leyes universales que la gobiernan en la Tierra y en el Cosmos. Es solamente otra forma de verla, que comparto con la mayoría de los Metafísicos.

Este libro lo he escrito para mis hijos y para ti. No pretendo ir en contra de ninguna creencia religiosa, sino que intento incluirlas a todas, rescatando lo coincidente de todas ellas: el amor y las leyes universales que nos gobiernan. Te pido que si sientes ofendidas tus creencias, lo dejes a un lado y no lo sigas leyendo.

Es mi sincero deseo sin embargo —y esta aventura habrá tenido sentido si lo logro— aportar una chispa que te ayude a encontrar tu propio camino, en bien tuyo y de toda la humanidad. Puede ser el camino que te muestro u otro diametralmente opuesto, eso no importa. Lo importante es que encuentres tu camino y para eso tienes que buscarlo.

A mi me gusta que me digan las cosas claras, en el menor tiempo y si es con figuritas, mejor. Así es como está escrito este libro.

¡Bienvenidos seamos a la Nueva Era!

INDICE

Ya sé que el índice no puede estar después de la introducción, pero lo que pasa es que ni este libro ni yo somos normales. Como estoy muy ansioso por contarte todo, voy a aprovechar y voy a hacer un índice comentado, donde voy a mencionar los conceptos que voy a compartir contigo en este libro.

El libro comienza por la Introducción (que ya leíste) y sigue con una pequeña reseña de **cómo comencé esto (pag. 15)**. y luego te contaré un poco de **mis padres, mi familia, mi colegio (pag. 16)**.

Luego quiero plantear algunas ideas base que me empujaron a hacerme preguntas. Todo empezó cuando me empezaron a tratar de enseñar **quienes somos, que hacemos en este mundo y a donde vamos (pag.16).Y el origen del hombre? (pag.17)** Ahí me empecé a confundir más todavía.

También me enseñaron por ejemplo ¿qué tenemos que hacer en esta vida? en 2 versiones, la primera proveniente de las monjas, los curas y la iglesia **(pag.18)** y la segunda de mi casa y la sociedad **(pag.19)**.

Calladito asimilaba muchas respuestas incongruentes, hasta que empecé a abrir los ojos, pero **¿cuándo empecé a abrir los ojos?** En la **pag. 20** lo sabrás.

Te habrás preguntado **¿pero qué es la Nueva Era? (pag.23)**, pronto te lo voy a explicar.

Como anécdota, te voy a contar algo de **Los Hippies (pag.25)** pues ellos vivieron un intento fallido y prematuro de ingreso a la Nueva Era.

Luego de haber leído lo anterior, creo que ya estarás listo para poder entrar a describir la **Metafísica** y las **7 Leyes Metafísicas Universales:**

-EL PRINCIPIO DEL MENTALISMO
-EL PRINCIPIO DE CORRESPONDENCIA
-EL PRINCIPIO DE VIBRACION
-EL PRINCIPIO DE LA POLARIDAD
-LA LEY DEL RITMO
-LA LEY DE LA CAUSA Y EL EFECTO
-EL PRINCIPIO DE LA GENERACION

Como la Metafísica no se puede explicar sin explicar a Jesús, te voy a presentar a **El Cristo Metafísico** y luego vamos a citar algunas **Palabras sobre las enseñanzas de Jesús** y su interpretación desde la Metafísica.

También desde la visión metafísica contestaremos a las **preguntas ¿qué hacemos en la Tierra?** y ¿nosotros escogimos a nuestros padres?

Después de haber entendido las Leyes de la Metafísica te explicaré porque **todo es energía, vibra y tiene Consciente = LUZ** . Después seguramente me querrás preguntar, ¿Qué más vibra? y porque afirmo que **todo tiene Consciente.**

Los *Chakras* tienen mucha importancia para nuestra vida en la Nueva Era y son la conexión de nuestro cuerpo físico con nuestros cuerpos metafísicos (o *no físicos*), por lo que te voy a explicar ¿Qué son los *Chakras*?

Los Colores tienen una vibración propia y, así como **Los Números,** se interrelacionan con nosotros. Es interesante entender cómo.

También es importante tener la visión metafísica de qué son **Las enfermedades y la salud**, y como ejemplo de esta visión hablaremos de los estudios científicos y probados sobre **El Cáncer y La Nueva Medicina Germánica**, del Dr. Hamer, que es producto de **La Historia del Dr. Hamer**, y de cómo esta medicina está prohibida hasta el día de hoy.

De sus estudios revisaremos solo una pequeña parte:

-El PRIMER CRITERIO

-EL SEGUNDO CRITERIO

-EL TERCER CRITERIO

-LATERALIDAD

-LA TEORIA DE LA METASTASIS

Capítulo aparte se merece **El Agua**, también con aportes de científicos como el **Dr. Masaru Emoto**.

Todo lo visto antes no tendría justificación o sentido si no te muestro **Los Cristales de la Veracidad** y sobre todo ¿Cómo se utilizan Los Cristales?

Estos cristales son figuras geométricas cargadas con una vibración y Consciente muy poderosos que te van a servir muchísimo en tu vida diaria si los utilizas y practicas su uso.

Todo lo visto ya te debe haber preparado para Vivir en la Nueva Era y trascender al 2012 utilizando las 7 Leyes de la Metafísica, pero seguramente quieres saber qué es lo que pienso sobre ¿**qué pasará el 21 de Diciembre del 2012?**

Y para despedirme por lo menos por ahora, me permito dirigirte unas **Palabras Finales (que espero no sean finales).**

– I – COMO COMENCÉ ESTO

Tal como lo mencioné en la introducción, la vida es una escuela, una oportunidad maravillosa para aprender y cuando de la vida se trata, todos estamos en la misma facultad. No pretendo ubicarme en ningún nivel académico de esta escuela, pero estoy seguro que bastante he aprendido (sino mi vida hubiera sido una gran pérdida de tiempo) y de que aún me queda muchísimo por aprender.

Mi entendimiento de hoy es muy diferente al que tuve años atrás y seguramente será diferente al que consiga más adelante. Igual tú. Te podrá sonar congruente lo que digo en este libro o no, y eso dependerá de si tu nivel de entendimiento es diferente o parecido al mío en estos momentos. Lo que sí te puedo decir, es que si este libro llegó a tus manos, lo estás leyendo y te interesas en lo que dice, es posible que estemos en la misma clase, ¡o por ahí!

A continuación te invito a repasar rápidamente algunas cosas de mi vida, (la cual te puedo decir que ¡de aburrida no ha tenido nada!) y así compartir contigo algo de mi camino recorrido.

Es importante decir que desde que empecé a hacerme las preguntas que me han llevado a escribir este libro, llegaron a mi vida en forma increíble y milagrosa, maestros que me enseñaron y me enseñan cada día. En Metafísica se dice que primero debe aparecer el alumno para que luego asomen los maestros.

Mis padres, mi familia

Nací en Lima en octubre de 1961, tercero de 4 hermanos (único hombre), hijo de unos padres maravillosos, católicos, de muy altos valores. Se conocieron cuando mi papá tenía 15 y mi mamá 12. Desde ese momento han estado juntos y enamorados siempre, hasta el día de hoy.

Mi Colegio

Como es lógico de suponer —debido a la formación católica de mis papás— ingresé en Kinder a un colegio de monjas, el Inmaculado Corazón, y luego al Santa María, un colegio de curas.

Tengo que agradecer profundamente a mis padres, profesores, monjas y curas por la educación y valores que me inculcaron durante toda esa etapa, aunque luego haya cuestionado mucho la religión católica, la cual no profeso actualmente.

¿Qué me enseñaron sobre quiénes somos, que hacemos en este mundo y dónde vamos?

La primera respuesta que recibí a la pregunta

"¿de dónde vengo?" fue
"de la cigüeña",
¡claro! Así es que tuve que creer que encarga-
ron a ese pájaro que me
trajera de quién sabe dónde (¿Paris?) hasta mi casa, chiquitito y
con rasgos muy parecidos a los de mi papá y mamá.

Después de mi vino otra hermana, que
también iba a ser transportada por una ci-
güeña. Lo extraño es que en este caso ya estaba yo en la tierra y
no pude evitar percatarme de la panza de mi
madre, que crecía con mi hermana adentro.
Por más chiquito que yo fuera, me empezaron
a entrar algunas dudas sobre la explicación del
ave.

Luego, cuando
mis preguntas se empezaron a
complicar, tuvieron que aceptar
que, obviamente, los hijos venían
de la barriga de la mamá. Claro,
pero ¿cómo sucedió eso? Siguieron
los cuentos que no tengo que
contarte porque seguramente tú
también te los tragaste: las abejitas, los pajaritos, la semillita, etc.

Bueno, el golpe fue grande cuando algún amigo me contó la
verdad: que mi mamá se metió a la cama con mi papá, tuvieron
relaciones sexuales y nueve meses después ¡presto! Duro golpe
porque parte de mi formación religiosa era también lo malo y
pecador que es el sexo… en fin, ¡ya fue, pero sí que me costó
entender!

¿Y el origen del Hombre?

Más historias de confusión. En el colegio empiezan diciéndote que el origen del hombre es con Adán y Eva. Dios hace el mundo y sus maravillas, incluidos mares, cielos, animales, plantas y a Adán y Eva en 7 días. Hace primero al hombre, y para que no se sienta solo el pobrecito, le hace una compañera de una de sus propias costillas.

Luego —en el mismo colegio— aprendí la Teoría de la Evolución de Darwin y me explicaron que Dios no me creo así como soy, sino que ¡yo descendía del mono! Es más, incluido un "eslabón perdido", que no sé si ya lo habrán encontrado.

Yo me preguntaba, ¿por qué estas 2 cosas que me están enseñando en el mismo colegio no tienen que ver una con la otra? Cuando pregunté me vieron como al diablo, "¡me decepcionas Miguelito, que poca fe!"

Ya bueno, digamos que eso del origen no es tan importante, pero puedo preguntar:

¿Qué tenemos que hacer en esta vida?

"La cosa es así", me dijeron mis distintos maestros, o por lo menos esto es lo que entendí:

Las monjas, los curas y la iglesia:
Para empezar estas frito porque viniste pecador, porque Adán se comió la manzana que Eva le ofreció.

Como él era hombre y tú también, vas a tener que pagar el pecado.

Nunca estarás totalmente perdonado, pero será peor si no te bautizas (para quitarte un poco el pecado original), haces la primera comunión, la confirmación, te confiesas, te casas por la iglesia y crees en Dios (según lo que te dice la Iglesia que es Dios), etc. etc. etc.

Debes cumplir los 10 mandamientos.

Debes creer en la Santa Iglesia Católica, ir a misa y hacer todo lo que ella dice que está bien (ojo, entre otras cosas no se puede usar condón).

Debes ser pobre para entrar al reino de los cielos: "Es más difícil que un rico entre al reino de los cielos que un camello pase por el ojo de una aguja"

Mi casa y la sociedad:

Debes pasar sin jalados el colegio y con buena conducta.

Luego debes entrar a la universidad y sacar un título. Si obtienes un máster o doctorado, mejor.

Debes casarte y tener hijos.

Debes conseguir un buen trabajo y tener un buen sueldo que te permita vivir en una buena casa, tener un buen carro (que sea del año ya es bastante bueno) y estar al día con la tecnología.

Pagar el mejor colegio y universidades posibles para tus hijos. Mientras más caros sean, mejor. Eso es útil para que sus amigos sean los que tienen la posición y plata que aspiras para ellos.

Debes guardar lo suficiente para que cuando estés viejo y enfermo no seas carga para nadie.

Esto es un resumen escueto e irreverente de nuestra misión en la vida, pero lamentablemente es lo que nos meten en el subconsciente, y definitivamente si no lo haces así, es muy probable que te sientas un perdedor en la vida.

Ya bueno y después, ¿Dónde vamos después de morir?

Tienes 3 opciones a saber:

El Cielo (el Paraíso Eterno)

El Purgatorio (las pagas todas, el tiempo que te tome)

El Infierno (fuego y castigo por toda la eternidad, que bestia, ¿no?)

No hay otras opciones y tienes entre 0 y 100 años para lograrlo. El problema es que si tu vida se acaba antes de que lo logres, sonaste. ¡Divina Comedia!

Nota histórica:

Por si no lo sabías fue en el Concilio de Constantinopla (año 543) cuando los tormentos del infierno adquirieron duración eterna, pero recién se proclamó como dogma en 1123 en el Concilio de Laterano. Fue tan bueno el resultado marketero del infierno que las ventas de indulgencias se dispararon de una manera impresionante. En vista del gran éxito del infierno, en el siglo XIII se inventó el Purgatorio.

Bueno, yo tuve que vivir sin cuestionar estos asuntos un buen tiempo de mi vida, y

Viviendo en la Nueva Era

debo decir que hasta ahora no logro sacarme de encima todos.

¿Cuando empecé a abrir los ojos?

Empecé desde muy chico, cuestionándome en silencio algunas de las cosas mencionadas. En mis clases de religión en el colegio me sentí muy atraído por El Nuevo Testamento y la historia de Jesús, me encantaba leerlo. El Antiguo Testamento en realidad no lo entendía mucho, hasta ahora.

Ya en secundaria apareció la serie de televisión Kung Fu, con David Carradine, si se acuerdan los que vivieron en esa época. Encontré en esa serie —de un monje que fue a vivir a Estados Unidos— una filosofía de vida bastante interesante. El "pequeño saltamontes" a pesar de conocer las mejores técnicas de pelea, utilizaba su técnica para la paz. Empecé a poner mis ojos también en otras formas de entender la vida, que venían del oriente.

Casi en la misma época apareció el cura Pepe en mi colegio, que dicho sea de paso ya no es cura, quien me enseñó a mí y a un grupo que nos interesó la cosa, temas medio locos como la meditación y hablar con las flores.

Por ahí pasó Kalih Jibrán y *El Profeta*, con respuestas claras y poéticas a muchas interrogantes que empezaban a rondar por mi cabeza.

Jesus Christ Super Star ¡qué buena película!, para mí la mejor realizada de lejos sobre Jesús. Fusiona una suerte de

hipismo con la época real en la que debió haber vivido Jesús, que con los pelos largos y las pintas de ambos tiempos dan sentido a la ficción. Me encantó el Jesús, María Magdalena, todos los personajes, aunque al pobre Judas lo ponen como negro. Si no lo hubieran escogido negro más que seguro que lo hacían sudamericano.

Después llegó a mis manos un libro que ayudó a seguir encajando las piezas del rompecabezas y me empujó a darme cuenta del sentido real de la vida. La que me mostró esta faceta fue una gaviota, de nombre Juan Salvador.

Si no has leído este hermoso libro de Richard Bach, *Juan Salvador Gaviota*, te lo recomiendo especialmente. Trata de la bella historia de una gaviota que busca el sentido de su vida perfeccionando su vuelo. En la medida que avanzaba en sus técnicas, a pesar de ser marginado por su bandada, iba encontrando el sentido de su vida.

Después de cada intento más avezado, acababa estrellándose y perdiendo la vida. Pero luego aparecía en otros niveles de existencia superiores, donde se encontraba con otras gaviotas que ya habían pasado lo de él y le enseñaban otras técnicas mucho más avanzadas para llegar a la perfección de su vuelo.

Este libro marcó mi vida y me motivó a buscar, como hasta hoy, lo que he aprendido y me dispongo a contarte. El Sr. Richard Bach debería recomendar mi libro en reciprocidad, ¿no crees?

Entendí de la reencarnación sin que se mencionara ninguna vez en el libro. ¡Los humanos teníamos que tener más de una oportunidad en la vida para lograr tanto como nos sea posible! ¿Cómo es posible que nos den solo una mísera oportunidad, que no alcanzaría para cometer todos los errores que debemos cometer?

Luego siguió La Metafísica que me la enseñó Conny Méndez a través de un libro muy sencillo y muy bonito, llamado *Metafísica Al Alcance de Todos*. Conny Méndez, una señora venezolana de principios del siglo XX, fue una de las pioneras en plasmar los temas Metafísicos en lo que ella llamaba "palabras de a centavo", o sea de entendimiento para cualquiera de nosotros los humanos normales.

Después llegué a los libros de Lee Carroll, que explica mucho de lo que voy a contar aquí. Lee Carroll es un ejecutivo y hombre de negocios norteamericano, escéptico y de mente muy lógica, que escribió una serie de libros muy claros y directos de lo que está sucediendo en éstos tiempos de cambio, como entenderlos y prepararnos para jugar nuestro rol en la Nueva Era.

Hoy sigue llegando a mi vida gente e información muy valiosa e interesante, que quiero compartir contigo en este libro.

Esto, como dije, es una síntesis esforzada de muchísima información y lo que pretende solamente es introducirte en estos temas. Si resuenan en tus frecuencias, te invito a leerlos o buscar más bibliografía.

Los libros de Conny Méndez, Lee Carroll (Kryon) y éste son libros libres y disponibles para la humanidad entera. Los puedes descargar en www.despertar.info

¿Pero qué es la nueva era?

La Nueva Era será la Era del Amor. Los Mayas la llaman la Era de La Mujer, de La Madre y de la Sensibilidad. El amor gobernará y el mundo recién podrá vivir en paz.

Uno de los cambios más importantes que se dará será que **el amor al poder será cambiado por el Poder del Amor**.

Todas las religiones sin excepción pregonan el amor y todas sus enseñanzas giran en torno a él. Claro que los métodos y formas no siempre concuerdan y sobretodo no son siempre consecuentes con lo que difunden. Pero en términos prácticos, ¿qué es el amor?

A ver, en términos prácticos el amor es capaz de acabar con las guerras, es más puede hacer que no comiencen nunca. También ayudaría, no a que haya igualdad, porque siempre va a haber desigualdad ya que todos somos seres distintos e irrepetible y decidimos, en la medida de nuestras posibilidades, qué hacer con nuestras vidas, pero el Poder del Amor aportaría significativamente a que no haya tanta diferencia de posibilidades, tanta pobreza y tanta riqueza a la vez, en el mismo mundo y al mismo tiempo.

El amor aporta por definición a que no haya odio, egoísmo y rencor, lo cual haría de nuestro mundo, un mundo mejor para vivir. Nada de asesinatos, robos, cuernos, etc. Suena un poco cliché pero es así.

La Nueva Era es un tiempo nuevo que estamos comenzando a vivir. Se dice que habrá un cambio de dimensión. La verdad que esto no lo entiendo muy bien pero no importa, porque no tenemos que entenderlo todo, ¿o entiendes como funciona un televisor? Yo no. Necesitamos solo saber cómo prenderlo, apagarlo y sintonizar los canales que nos gusten y nos hagan sentir bien. Así en La Nueva Era el juego consiste en poder adaptarnos y sacarle el máximo provecho para poder ser felices, porque al final de todo, ese es el motivo de nuestras vidas, ser felices.

Lo real es que hay y seguirán habiendo cambios trascendentes que es muy importante percibir para poder adaptarnos y ser parte de lo que se viene. Las reglas de juego serán diferentes y tenemos que estar preparados.

Algunos dicen que el principio del cambio a La Nueva Era empezó en 1987, año de la Convergencia Armónica, otros en 1992 (Los Mayas) pero casi todos coinciden que su punto central será el 21 de diciembre del 2012, o por ahí.

En estos últimos tiempos vas a estar escuchando más que en otras épocas sobre el amor, la elevación de la conciencia, el alma, los *chacras*, el espíritu, la paz, el despertar, etc. Sin ir muy lejos, en este libro se mencionan varias veces. Es que estas palabras, así como los conceptos que te voy a mostrar tienen mucho significado, son reales, son verdad. Sobre todo muy útiles y prácticos para nuestra vida, más ahora en La Nueva Era.

Los Hippies

En los años 60 se dio una corriente espectacular para esa época, que aportó muchísimo para preparar el terreno para la Nueva Era, aunque se les pasó la mano un poco.

Los hippies aparecen como una sub cultura que rechazaba la forma de vida "decadente" de la sociedad estadounidense y mundial de aquella época y que la mayoría simplemente aceptaba como norma, hasta que esos locos pelucones llamaron la atención de todo el mundo.

Su emblema, que representaba el Amor y la Paz, fue sacado de un símbolo que originalmente fue utilizado por un grupo a favor del desarme nuclear. Los colores que los representaban mientras más sicodélicos, mejor. En alusión a su rebeldía y protesta se dejaron el pelo largo, pantalones a la cadera y no se bañaban. Ronald Reagan, cuando fue gobernador de California (1966-1973), definió al hippie como "un tipo con el pelo como Tarzán, que camina como Jane y que huele como Chita".

En su búsqueda por una nueva conciencia, una nueva espiritualidad, utilizaron la marihuana y drogas pesadas (LCD en esa época), lo que da para discusiones sobre la moralidad o legalidad de esas prácticas, pero lo cierto es que los hippies se manifestaron en una forma pacífica tratando de rescatar del mundo la paz, el amor, la libertad individual y de los grupos. Empezaron a traer de oriente algunos pensamientos, formas de expresar y elevar las conciencias, tales como la meditación y reflexionaron sobre el valor de la naturaleza y la ecología. Cuestionaron las guerras, el consumismo, manifestaban tolerancia a la homosexualidad y promovían el amor libre.

La música jugó un rol muy importante para esa época, para mí (creo que para muchos, inclusive mis hijos) la mejor de todas las épocas. Algunos de sus íconos fueron John Lennon (asesinado), Cat Stevens (ahora musulmán) y Bob Marley (murió por un tumor en el cerebro).

Eran sus íconos, políticos y personajes públicos que en épocas anteriores demostraron lo poderoso que puede ser el amor desde un punto de vista práctico. Entre ellos, Mahatma Ghandi (18691948) y Nelson Mandela (1918) por ejemplo, ganaron guerras que parecían imposibles de ganar sin violencia. Ellos extendieron y manifestaron siempre la paz y reconciliación incluso de haber estado presos por sus gobernantes por muchísimos años. Ghandi estuvo recluido con su esposa, la cual murió

en prisión y Mandela estuvo encarcelado por más de 27 años.

Hoy los que hablan del poder del amor, de la elevación de la conciencia, del alma, de la vida más allá de la vida son **gente de saco y corbata**. Son gente que está estudiando y encontrando la relación de lo metafísico con lo científico. En muchos casos son médicos, científicos, hombres de negocio y ejecutivos. Entre los que conozco y de quienes admiro su trabajo puedo mencionar a Deepak Chopra, al Dr. Masaru Emoto (*El Milagro del Agua*), al Dr. Jorge Carvajal (Padre de la Sintergética) y a Lee Carroll. Todos ellos además han sido invitados a dar conferencias y a ser escuchados en foros internacionales como en las Naciones Unidas.

En la Nueva Era, que será inundada por la más alta vibración del amor, el poder más grande en el universo, tendremos la posibilidad de utilizar una buena parte de nuestras capacidades y no estaremos limitados al uso del 10% (¡o en algunos casos a menos!) de nuestro potencial. Podremos utilizar la telepatía, ser clariaudientes o clarividentes. Podremos incluso dar solución al tráfico utilizando la tele transportación.

¡Ya te vi la cara de escepticismo y eso que no soy clarividente! No te preocupes, es normal que no me creas así de fácil. Tampoco lo hubieras creído si hace unos 100 años te hubiera dicho que podríamos ver imágenes a colores y en 3D de lo que pasa en el mundo, en tiempo real, en unos aparatitos que todos tendríamos en nuestras casas. Me hubieras dicho ¿y qué, las imágenes volarán por el cielo a mil por hora y llegarán a todas las casas del mundo? Me hubieras dicho que estoy loco, como de repente estás creyendo

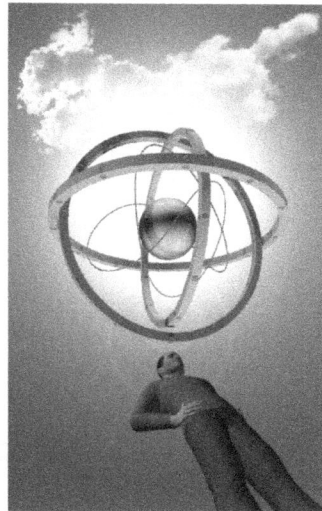

ahora. Pensándolo bien, loco es lo mejor que me puedes decir, ¡gracias!

– II – METAFÍSICA

¿Qué es la Metafísica?

Para describir que es la Metafísica me voy a extender un poco más adelante en la descripción de Jesús, El Cristo Metafísico, el más grande metafísico de la historia. Debo decir que para mí fue una grata sorpresa y un alivio enterarme que la Metafísica estaba íntimamente ligada a Jesús, pues no hubiera sabido como desenlazar mi admiración por él de mis creencias.

Pero antes vamos a hacer un breve repaso de las **7 Leyes Metafísicas Universales**, porque conociendo estas Leyes podremos llegar a la conclusión que nada es casual y que todo obedece a una ley.

El descubrimiento de estas leyes son atribuidas a Hermes Trismegisto, quien se dice vivió en Egipto antes de la época de los faraones. Puedes encontrar mucho más de ellas en *El Kybalión*, un libro escrito anónimamente a principios del siglo XX.

Lo más importante de estas leyes de la Metafísica, es que comprendas que por más obvias parezcan, es que son eso, **leyes** que se cumplen siempre. Las leyes de la física como la gravedad, la acción y reacción, no se diferencian mucho de las leyes de la Metafísica. Ya les irás encontrando la relación e integración.

Estas leyes han estado ocultas por grupos de poder muy grandes en la historia de la humanidad, que de haber estado a disposición de todos hubiera sido caótico para sus planes. Sin embargo, estos grupos de poder han utilizado estas leyes para sus propios fines.

Pero siempre han estado, no son nuevas. Antes ya las entendieron los maestros ascendidos y avatares. En la Nueva Era ya están a disposición de todos. Las podemos entender y utilizar cualquiera de los seres humanos.

Algunos de estos principios o leyes seguramente los has visto en la "versión Hollywood" de la serie de videos y libros de *El Secreto*, que no es más que la descripción de los dos primeros Principios Metafísicos (Mentalismo y Correspondencia). Ya sabrás que esa gente se hizo millonaria con este par de principios. Hay una buena noticia, ¡quedan todavía otros 5 por explotar!

También te vas a dar cuenta como todas las religiones basan sus enseñanzas en estas leyes, con diferentes palabras o métodos.

No creas nada de lo que te digo, más bien te invito a que lo pruebes y puedas confirmarlo por ti mismo.

El Principio del Mentalismo

Primer Principio Hermético (por Hermes Trismegisto, no por impenetrable), o sea el más importante de todos Los Principios de la Creación.

> *Nuestra vida la hacemos nosotros mismos, de acuerdo a los pensamientos que tengamos*

Esta ley o principio explica que fuimos creados creadores, como el mismo Dios. Nuestra mente crea a través de nuestros pensamientos, nuestros sueños, nuestras metas, nuestros ideales. Todo, absolutamente todo lo que vemos en este mundo ha sido concebido en primer lugar por un pensamiento, ya sea de Dios o del hombre.

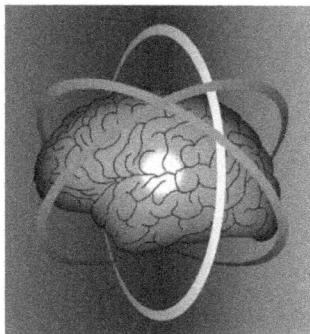

Todo ha partido del pensamiento, sueño o la imaginación de alguien. Desde las montañas, los ríos, las aves, los delfines, el hombre, la silla en que estás sentándote ahora, Machu Picchu, las Pirámides de Gizeh, la Monalisa, el David, un Ferrari o un Volkswagen, todo empezó como un pensamiento, de un Dios, de una persona o de un grupo de personas (lo cual es más poderoso aún).

Esta ley nos dice que todo depende del clima mental en el que vivas. Si tus pensamientos son positivos, lo que te ocurrirá son cosas positivas y alrededor tuyo aparecerá gente positiva como tú. Si cambias tu creencia, cambia la posición mental en la que te encuentras y todo se transformará.

Así también somos creadores, o mejor dicho, co-creadores con Dios, creadores de nuestro destino, responsables (que lástima que no le podemos echar la culpa a nadie) de todo lo que hemos realizado o se pueda venir de ahora en adelante en nuestra Tierra y en nuestras vidas. Sí, creamos con Dios, en una sociedad con Él. Socios de Dios...suena bien, ¿no? ¡Espectacular!

Existen 3 niveles de dominio de esta Ley del Mentalismo. En realidad existen infinitos niveles pero para ejemplos prácticos los vamos a dividir en tres:

Nivel Básico: Quieres un helado y utilizas este principio para conseguir tu helado. Sales de tu casa, buscas a un heladero y cuando lo encuentras te compras el helado y te lo comes. Creaste el helado en tu mente, lo buscaste, lo conseguiste y te lo comiste.

Nivel Medio: Quieres el mismo helado. Tu mente lo crea y produce vibraciones que atraerán el helado. A los pocos minutos tocan la puerta y es tu mamá con un helado. "Hola hijito, pasaba por acá y se me ocurrió que estarías solo y te gustaría que te acompañe. Te traje un helado".

Nivel Avanzado: Quiero un helado. PAF! Aparece un helado al lado tuyo. Este nivel sólo lo han alcanzado maestros ascendidos (Jesús en la multiplicación de los panes), pero la buena noticia es que tú también puedes.

Dominar el mentalismo lleva tiempo y práctica, es como dominar cualquier técnica no metafísica (o física): andar en bicicleta, aprender un idioma, etc. Debes practicarla, empezando por cosas pequeñas y seguir con cosas más grandes, desde las simples hasta las que parecen imposibles. Créalas en tu mente, focalízate y no la sueltes hasta que se dé. Y una vez que se haya dado, agradece.

El Principio de Correspondencia

"Como es arriba, es abajo" o "fuimos creados a imagen y semejanza". Las mismas leyes que gobiernan el cosmos, gobiernan la Tierra y el microcosmos. Todo está hecho de la misma manera.

A través de esta ley podemos entender también mucho mejor lo que pasa arriba, si la usamos también al revés, o "como es abajo, es arriba", ¿me explico?

Por ejemplo, a nosotros nos han enseñado que Dios es un padre juzgador al que hay que temer, que nos hizo nacer en el pecado y que al morir es capaz de mandarnos al infierno a sufrir por toda la eternidad. Perpetua crueldad para con un hijo, ¿no? Además, si Dios lo sabe todo, sabría desde antes quien se irá al infierno y quien se va al cielo, ¡más cruel todavía!

Según nos explica el principio de Correspondencia esto no es siquiera concebible, porque si es abajo como es arriba, nosotros también traeríamos a nuestros hijos al mundo diciéndoles que son pecadores porque sus tatarabuelos cometieron no sé cuántos pecados. Y claro, si ellos no se ponen a adorarnos los meteríamos en una jaula con fuego y bestias horribles para siempre.

Nosotros cuando traemos un hijo a este mundo lo queremos más que a nuestra propia vida y queremos que sea todo lo feliz que se es posible ser.

Nuestra relación más perfecta con Dios funciona en base al amor y el agradecimiento, los dos sentimientos más poderosos y de más alta vibración.

En algún momento, los padres tendremos que decirles que no a nuestros hijos, o alejarlos de situaciones que sean peligrosas para ellos, causando llanto, desesperación y hasta odio y rencor hacia nosotros, porque su capacidad de entendimiento no llega a comprender que el "castigo" que están recibiendo es para su bien.

¿Qué pasaría si ese hijo alcanza el entendimiento de que todo lo que está viviendo y el "castigo" que está recibiendo, al no poder comerse el paquete de dulces completo en ese momento, es para su bien? ¿Qué tal si a pesar de no entender que se va a indigestar lo acepta y agradece?

¿Qué tanto crees tú que vas a recibir de tu papá, si eres un malgeniado, mal agradecido, engreído y abusador de su cariño incondicional? Tu papá te va a querer igual, su amor por ti y buenos deseos no van a cambiar nunca, pero es posible que consigas mucho más siendo un hijo amoroso, agradecido y generoso, ¿no crees?

Todo es Uno en el Universo, tanto en el cosmos como en el micro cosmos y todo trabaja para el mismo propósito. Somos una unidad y nuestro cuerpo nos puede explicar desde este principio cómo funciona esta unidad.

Imagínate que en algún momento se encuentran tu cerebro con tu corazón y se reconocen. Tu cerebro siente un gran respeto por tu corazón. Durante años el corazón no ha dejado de bombear la sangre a tu cuerpo, llevando el oxígeno a cada una de tus células, recogiendo el CO_2 para llevarlo a tus pulmones y eliminarlo, purificando la sangre para llevarla nuevamente hasta esa última célula.

Pero el corazón siente también mucho respeto y admiración por el cerebro. Durante toda su vida ha dependido de recibir los ritmos de reloj del cerebro para poder funcionar. ¿Cómo hace ese señor para contener un sistema eléctrico tan perfecto y complejo, que puede comunicarse con todos los órganos al mismo tiempo?

Ambos, el corazón y el cerebro han trabajado incansable y amorosamente por ellos y por todo el conjunto que eres tú. Igual la mano, el dedo gordo del pie, el pelo, el ojo, el oído, cada célula de tu cuerpo pertenecen al todo que eres tú. Cada uno tiene una función en tu vida lo mismo que nosotros tenemos una función en el universo, porque Todo es Uno.

¿Qué pasa cuando una parte de tu cuerpo se enferma? ¿No ocurre que todo tu cuerpo lo siente y se afecta? Lo que sucede es que todo tu cuerpo sale al rescate y hace todo lo posible para sanarla. Igual es en el Universo. Como es arriba es abajo, como es abajo es arriba.

El Principio de Vibración

Todo está en movimiento, todo vibra

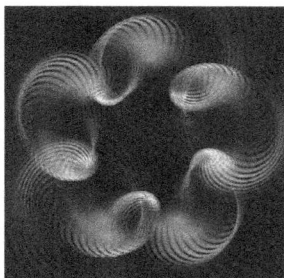

Todo vibra y tiene una frecuencia. Esta ley la vamos a desarrollar más adelante, porque el entendimiento de este principio es fundamental para la vida en la Nueva Era, en la que necesitaremos una vibración más alta para vivir en ella. Tal como dijimos en la introducción de este libro, para vivir en la Nueva Era va a ser necesario que elevemos nuestra conciencia, que no es otra cosa que elevar nuestras vibraciones a frecuencias más altas.

Los pensamientos positivos vibran a una frecuencia altísima y sus colores son brillantes, claros y luminosos. Los pensamientos negativos vibran lentamente y sus colores son opacos.

Nuestro oído solo percibe los sonidos que pasan a determinada frecuencia. Cuando un sonido aumenta su velocidad vibratoria se

comienzan a ver los colores empezando por el rojo oscuro. A medida que el color aumenta su velocidad se va haciendo más brillante pasando al naranja, luego al amarillo, al verde, al azul y al final al violeta. Si la velocidad sigue aumentando se vuelve blanco. Luego vienen los rayos x, después la electricidad y finalmente el magnetismo. Einstein decía que mientras más estudiaba la electricidad, más cerca se encontraba del espíritu.

Todos los estados mentales son lanzados hacia afuera en forma de vibraciones desde el cuerpo que los crea y van tocando a cuerpos afines, tal como lo hacen los instrumentos musicales. Estas vibraciones afectan para bien o para mal a las mentes y personas a las que les llegan. Si estamos lanzando vibraciones de ira o rencor, serán atraídas magnéticamente por otras mentes que están en la misma frecuencia.

Las vibraciones altas no pueden ser dominadas por las bajas. La vibración más alta que existe es la vibración del Amor Incondicional, que es el amor de una madre a su hijo, o el amor de Dios y Jesús. Pero no te preocupes todavía en entender tanto este principio, porque le vamos a dedicar su tiempo más adelante.

Todo vibra. Los colores son vibración, la música y los sonidos son vibración. Los números son vibración. Todas las vibraciones juntas hacen que nuestras vidas sean un concierto hermoso (o no) y nosotros podemos utilizarlas, controlarlas y transmutarlas.

El Principio de la Polaridad

Todo es dual. Todo tiene dos polos, todo su par de opuestos. Los semejantes y los antagónicos son lo mismo. Los opuestos son idénticos en su naturaleza pero diferentes en grado. Los extremos se tocan. Todas las paradojas pueden reconciliarse.

Todo en la creación es bipolar, todo tiene su polo opuesto, que no es más que el mismo polo, al otro lado. El día y la noche, el frío y el calor, el *yin* y el *yang*, el bien y el mal (en Metafísica no se suele hablar del bien y el mal, sino de altas o bajas frecuencias vibratorias).

En el plano físico podemos hablar del frío y el calor, que son exactamente lo mismo pero en diferentes grados. Si pasamos por el termómetro podemos estar al extremo más bajo y decir que estamos en el frío, pero si vamos subiendo habrá menos frío y más calor. En el termómetro no hay ningún sitio que indique que se acaba el frío y empieza el calor, es solamente donde nosotros lo percibimos. Entonces el frío y el calor son de la misma naturaleza y podemos transmutar el frío en calor y viceversa.

Igual pasa con el este y el oeste, o el norte y el sur. Si viajamos hacia el norte y seguimos viajando acabaremos en el sur nuevamente. Empieza el día y sigue la noche y después sigue el día, porque son de la misma naturaleza. Si empezamos con el do, re, mi, fa, sol, la, si, acabamos de nuevo en el do. Lo mismo ocurre en todo en el plano físico, la luz y la oscuridad, lo duro y lo blando, lo grande y pequeño, el blanco y el negro.

En el plano mental es igual. El amor y el odio son lo mismo, solo que en polos opuestos. El valor y el miedo también.

El espíritu y la materia son polos de la misma naturaleza. Los estados o planos intermedios son diferentes grados de lo mismo. El amor es positivo y el odio negativo. La actividad es positiva y la inercia negativa. La verdad es positiva y la mentira negativa. El blanco es positivo, el negro es negativo. Lo superior es positivo lo inferior es negativo.

Como ya hemos podido deducir, la naturaleza tiende a la dirección del polo positivo. Las plantas que crecen hacia arriba están saludables. La sonrisa es hacia arriba, mientras que la tristeza va hacia abajo. El dedo apuntando hacia arriba es positivo, el dedo apuntando hacia abajo es negativo, es natural.

Entendiendo el principio de la polaridad podemos darnos cuenta que somos capaces de transmutar elementos de la misma naturaleza solo cambiando su polaridad o vibración (ya que sabemos ahora del principio de vibración). El odio se puede transmutar a menos odio y más amor subiendo su vibración. El frío se puede transmutar en calor y podemos pasar del sur al norte.

Lo que no es posible transmutar es elementos de distinta naturaleza, es decir que no podemos cambiar el odio por el norte, o el frío por la noche.

El estudiante de Metafísica, entendiendo este principio, sabe que es capaz de transmutar con su estado vibratorio cualquier situación personal o de conjunto, porque los estados mentales pueden producirse por inducción. Entonces es posible polarizar un ambiente o una situación.

La Ley del Ritmo

Todo fluye y refluye, todo tiene sus períodos de avance y retroceso, todo asciende y desciende, todo se mueve como un

> *péndulo, la medida de su movimiento hacia la derecha es la misma que la de su movimiento hacia la izquierda; el ritmo es la compensación.*

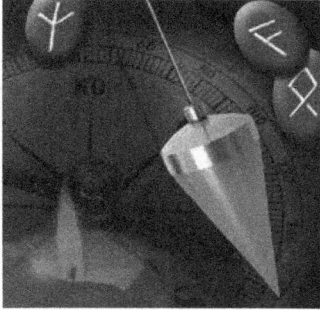

Todo en la creación fluye y refluye, todo avanza y tiene un retroceso, todo lo que sube, baja. Esta ley está estrechamente ligada al Principio de la Polaridad.

A esta ley también se le llama la Ley del Péndulo y dice por ejemplo que a una situación de tristeza viene indefectiblemente luego una de felicidad. Después del día viene la noche y después el día nuevamente. Después del invierno viene el verano y después el invierno de nuevo.

Esta ley se cumple como todas en el cosmos y en el microcosmos. Todo nace, crece, se desarrolla y muere para empezar su ciclo de vida nuevamente. Sucede tanto en el universo con la creación de soles y galaxias como en la tierra con las plantas, los gobiernos, los imperios, con nosotros. Las estaciones, el día y la noche, las fases lunares y ciclos menstruales son las más claras expresiones de la Ley del Ritmo.

Pero ¿qué es importante saber de esta Ley del Ritmo? ¿Significa esto que vamos a ser manipulados por este principio y vamos a pasar toda nuestra vida de un lado para el otro, que el día no va a durar porque viene la noche y solamente vamos a tener que esperar el día para ver la luz de nuevo?

Lo importante de entender este principio es que al estar colgados del péndulo, podemos saber que este tenderá a irse al otro lado de forma natural. Hay dos formas de utilizarlo:

Si estamos en el día y todo está maravilloso, debemos estar conscientes que viene la noche y no nos va a agarrar desprevenidos. Podemos juntar leña, preparar abrigo, una buena compañía y disfrutar la noche. También podríamos aprovechar para dormir y descansar un poco en paz sabiendo que el día va a llegar después.

Si estamos en cambio en la penumbra más oscura y no sabemos hacia donde ir porque no vemos nada, podemos estar seguros que esa situación no va a ser eterna y esperemos abrigándonos, con tranquilidad y alegría que el sol estará pronto a salir. Y que va a salir cuando tenga que salir, no cuando nosotros queramos que salga, sino cuando sea la hora que salga.

Esta ley también podemos aprender a utilizarla en vez de ser utilizados por ella. Podemos aprender a polarizarnos en el punto donde queremos quedarnos y elevarnos por encima del movimiento pendular.

Sabemos que existen dos planos de manifestación de la conciencia, uno superior y el otro inferior. Si nos elevamos al plano superior de la conciencia escapamos a la oscilación y ¡esto es lo que hacen los maestros! En otras palabras la oscilación se da en el plano inconsciente y nuestra conciencia no se afecta.

A eso se le llama la Neutralización y consiste en elevar el Yo sobre las vibraciones del plano inconsciente de la actividad mental, de manera que la oscilación negativa del péndulo no se manifieste en la conciencia y no seas afectado por este movimiento.

Ya vamos a darte algunas técnicas con los cristales más adelante para neutralizar este efecto del Principio del Ritmo, no te preocupes mucho por ahora.

La Ley de la Causa y el Efecto

Tal como en la física, la causa y efecto es igual en la Metafísica. Toda acción que realices tendrá su reacción o efecto. Eres responsable otra vez de tu vida según esta ley, pues cosecharás lo que siembres.

Es también la ley del dar y recibir y recibes en la medida que das. Es buen negocio dar entonces, porque vas a recibir lo mismo que das. No se acabará nunca lo que das.

El conocer y utilizar esta ley es de mucha utilidad y beneficio porque al entenderla ya no querrás hacer más que cosas buenas a los demás, porque sabrás que eso mismo te llegará.

Cuando Jesús enseñaba que debemos devolver bien por mal, o poner la otra mejilla, hablaba de esta ley. Y devolver el bien por mal no es ponerse en plan de víctima o de mártir, es justamente porque si devuelves mal, más mal te va a caer encima tarde o temprano,
¡es la ley!

Claro que es difícil enseñarle a tu hijo que no se defienda cuando alguien le quiera meter un golpe o abusar de él. Igual es difícil para nosotros no devolver una agresión siempre, pero seguramente lo podremos hacer en muchas oportunidades en nuestra vida y los efectos son automáticos y espectaculares. Por ejemplo si nuestra pareja pretende agredirnos física (alguna vez lo intentaron) o verbalmente y simplemente devuelves amor, la pelea o conato de bronca se acaba automática e inmediatamente. Por otro lado si devuelves la agresión, esta resultará en más agresión y así sucesivamente. Algo más sobre este punto, es mejor alejarse de la agresión que devolver la agresión y eso no significa cobardía sino inteligencia.

No existen las casualidades porque no existe la Ley de la Casualidad. El Principio de la Polaridad nos dice que lo que pensamos, decimos o hacemos se fija en alguno de los dos polos, negativo o positivo, no hay un tercer polo. Lo que siembras en un polo positivo sale de ti en un color claro y luminoso, dependiendo que tan bueno sea. Este recogerá en su camino la cantidad de energía del mismo color y te regresará con su fuerza aumentada. Lo mismo sucede con lo que siembras en tu polo negativo, si criticas serás criticado, si eres injusto o haces un daño a alguien serás tratado injustamente o dañado tú también.

Pero muchas veces pensamos, si yo soy bueno y deseo cosas buenas a los demás, ¿por qué me está pasando esto? Es que esta ley no entiende del tiempo, no tiene un plazo conocido.

Aquí también entra en juego el Karma y la reencarnación. Toda acción que hacemos, ya sea en esta o en otras vidas tenemos que cosecharla, tarde o temprano.

Esta regla tiene una excepción y se da en el dar y recibir de padres a hijos y de hijos a padres. Dios es sabio e hizo que no sea necesario compensarnos (porque sería casi imposible) al devolver a nuestros padres lo que nos dan, porque ni siquiera somos capaces de entenderlo.

El Principio de la Generación

El femenino y el masculino están presentes en todo y son el principio para la generación de la vida. Padre – Madre – Hijo. Según la Ley de Generación, las plantas generan plantas, los animales generan animales y los humanos generan hombres.

En las personas y animales se encuentran siempre lo femenino y lo masculino, siempre con un género dominante. El hecho que tengamos ambos géneros nos da la capacidad de desarrollar más o menos cualquiera de los dos dentro de nosotros, ya sea nuestra parte intuitiva (femenino) como nuestra parte intelectual o de fuerza (masculino).

Este principio es el que genera la vida.

Estas Leyes me imagino que te sonarán muy obvias, y es que son así. Cuando te enseñan las leyes físicas también te diste cuenta que eran obvias, pero cuando uno llega entender que son leyes y se producen siempre (no solo a veces), toman un sentido diferente y te permiten utilizarlas para tu beneficio y el de todos a tu alrededor.

El Cristo Metafísico

Esta es la visión Metafísica de Jesucristo y qué es lo que creen los Metafísicos. Espero que esto te aclare un poco más el tema.

Viviendo en la Nueva Era

Jesús es el hombre que más influencia ha tenido en el mundo occidental.

Algunas religiones lo catalogan como el hijo de Dios, otras como el Único hijo de Dios, otros como al Mesías, otros como un maestro ascendido, otros solo como un hombre excepcional. A él no le importa que nombre le des ni tampoco quiere ser adorado como un Dios. El vino a la Tierra con mucha humildad queriendo ayudar a la humanidad y dejar su legado, y ¡sí que lo hizo!

Ninguna entidad celestial o maestro ascendido pretende ser adorado, son fuente de amor puro y lo que quieren es que tú y yo seamos felices, nada más. Son nuestros amigos y quieren ayudarnos, ¿o se te ocurre que tu mejor amigo en la Tierra quiere que lo adores?

Repito, si lo que estoy diciendo te incomoda, por favor ¡deja de leer! Estamos entrando a la Nueva Era y esto nos permite hablar, poner nuestros puntos sobre la mesa y no tener que caer en la "Santa" Inquisición o en la hoguera por eso.

Yo sí creo que a Jesús lo mandó Dios a la Tierra con una misión excepcional, pero lo mandó como un hombre. Dedicó su vida a viajar y tuvo que aprender (seguramente equivocándose varias veces) de otros maestros a ser El Cristo. Tampoco se libró del sufrimiento siendo Cristo, sí que lo hicieron sufrir, a él, a su madre, a María Magdalena, a todos sus amigos y fieles seguidores. Es posible que lo hubiera podido evitar pero él tenía que ser hombre en la Tierra, como tú y como yo.

Yo me imagino a Jesús en como una persona muy alegre, de buen sentido del humor, que disfrutaba mucho este planeta y quería mucho a sus amigos. También creo que disfrutaba mucho de las fiestas, de la buena comida y del buen vino, sino ¿por qué decidió hacer su primer milagro en una boda convirtiendo el agua en el mejor vino? Lamentablemente la historia nos lo muestra en su fase de sufrimiento y casi siempre serio en las estampitas.

También tenía su genio, le entró a patadas a todo el mundo en ese pasaje de los mercaderes en la iglesia, maldijo a la higuera porque no daba fruto, perdía la paciencia con los necios, etc.

Le encantaban los niños y reconocía en ellos todas las cualidades que necesitamos los hombres para ser felices, o entrar al Reino de los Cielos, como él decía.

También creo que amó a María Magdalena y quién sabe hasta tuvo hijos, ¿por qué no? Son almas gemelas y creo que hacen bonita pareja.

Se dice que mucho de su conocimiento lo descubrió en Oriente, donde aprendió a conectarse con Su Cristo mismo, que es de donde obtuvo todo su poder.

Habló de muchas cosas y dejó el más grande legado de la historia. El decía que su poder venía del poder más grande del Universo, el amor. Como su poder venía del amor, todo lo que él hacía era bueno.

Era un maestro de la sanación, hizo ver a los ciegos, caminar a los inválidos, sanar a los leprosos y hasta resucitar a los muertos. Fue un maestro de la alquimia, podía convertir el agua en vino, multiplicar la comida. Controlaba la gravedad, caminaba sobre el agua. Etc., etc., etc.

¿Te imaginas que hubiera podido hacer utilizando todos esos poderes para su beneficio personal? Pero no, él lo que quería era que entendiéramos que todo venía del poder del amor y que éste poder estaba al alcance de cualquiera de nosotros. El repitió varias veces, que lo que él hacía, lo podíamos hacer cualquiera de nosotros.

Lamentablemente en los últimos 2.000 años aparecieron muchas religiones que quisieron interpretar lo que él quiso decir y manipularon las informaciones para su propio poder. Hubo Guerras Santas, matanzas y Santa Inquisición en su nombre. ¿Irónico no?

Pero él también sabía que sus palabras podían ser manipuladas, por eso utilizó las parábolas, que no pueden ser manipuladas. Mosca, ¿no?

Para el metafísico, lo triste de la visita de Jesús es lo que los hombres en el poder hicieron con ella. Las palabras de Jesús fueron traducidas e interpretadas para rebajar el espíritu y la voluntad del hombre. "Ningún hombre es digno", "nacemos en el pecado", "se nace con el legado de ir al infierno al morir". Basados en esta indignidad, nuestra única salida es entregar la responsabilidad de nuestra salvación a un poder superior.

Se supone que los hombres, sí, tú y yo también, matamos al hijo de Dios. Entonces somos culpables de ese terrible homicidio y Dios nos debe castigar por eso.

La metáfora de Jesús como el pastor y nosotros como su rebaño se repite una y otra vez en las escrituras. Como sabrás, nadie espera que las ovejas hagan nada por sí mismas.

Este concepto es la mayor discrepancia entre el Jesús de los Metafísicos y el Jesús de los Cristianos. Como dije antes, los Metafísicos no creen que Jesús haya querido ser adorado como una divinidad.

Los Metafísicos creen que el ser humano tiene en sí mismo el total poder de Dios. A imagen y semejanza. Somos como gotas de agua en el océano, siendo Dios el océano. Estamos hechos de la misma esencia, así nos hizo Dios, divinos como Él. Cada persona es responsable de su propia vida y de su propio poder. Entregar la vida a Dios no es perder el control, sino tomar el control utilizando las enseñanzas de Jesús (y otros) como una guía para obtener el poder que es nuestro y nos corresponde. Jesús no vino a convertirnos en ovejas.

Al verdadero Metafísico le preocupa la auto mejora a través del estudio y aplicación de las leyes universales, para elevarse hacia un estado de conciencia más alto mientras está en la Tierra, convencido de que se puede llevar una buena vida, tener paz, salud y alegría utilizando el poder de Dios, que está disponible para todos (como lo enseñó Jesús). Elevando su propia conciencia, ayuda a elevar la conciencia del planeta.

Este tipo de creencia podría parecer una secta más entre los cientos de diferentes sectas que existen ahora. ¿Cuál es la diferencia? ¿Los Metafísicos son un grupo que tiene la sensación de conocer más a Dios? En este caso serían iguales a todos las demás. Revisemos entonces algunos conceptos que diferencian a la creencia Metafísica:

- Se respetan todas las demás creencias humanas.
- No se dice de ningún otro sistema que sea «erróneo».
- Los Metafísicos no son evangelizadores.
- No están «impulsados por la doctrina»; las cuestiones específicas se dejan a menudo en manos del individuo.
- No existe ningún centro de poder humano.
- Las reglas son auto impuestas y sólo están gobernadas por el propio individuo.
- La mayoría de ellos creen y practican las enseñanzas universales de amor de Jesús.

Palabras sobre las enseñanzas de Jesús

Las palabras acerca de lo que enseño Jesús son sagradas, las traducciones no. A continuación transcribo interpretaciones Metafísicas de los versículos más poderosos de la Biblia, que son extraídas del libro *Los Tiempos Finales* de Lee Carroll.

Juan 3,16 - Escrito por Juan

«Porque tanto amó Dios al mundo que dio a su Hijo único, para que todo el que crea en él no perezca, sino que tenga vida eterna.»

El punto de vista del metafísico

«Porque tanto amó Dios al pueblo de la Tierra, que decidió enviar a la única entidad espiritual cualificada del universo, el ser más alto de Dios, nacido en realidad del Espíritu, para que caminara entre los humanos, de modo que todo aquel que lo escuchara y creyera en las cosas que dijo, ya no siguiera enfangado en las formas negativas de la Tierra, sometido a la muerte sin iluminación, sino que tuviera más bien el conocimiento que traería consigo una vida que sería sin final.»

Juan 1,11-12- Escrito por Juan
«Vino a su casa, y los suyos no lo recibieron. Pero a todos los que lo recibieron les dio poder de hacerse hijos de Dios, a los que creen en su nombre.»

El punto de vista del metafísico
«Llegó a la Tierra y estuvo con los hombres que eran como él, y ellos no le reconocieron y no creyeron en él. Pero todos aquellos que creyeron en sus palabras y las pusieron en práctica, recibieron el conocimiento ilimitado y el poder para convertirse exactamente en lo que él era: nacido como un hijo de Dios.»

Juan 1,14- Escrito por Juan
«Y la Palabra se hizo carne, y puso su morada entre nosotros, y hemos contemplado su gloria, gloria que recibe del Padre como Hijo único, lleno de gracia y de verdad.»

El punto de vista del metafísico
«Y la verdad del universo fue enviada en forma de un hombre humano para que habitara entre aquellos que estaban en la Tierra (y lo vimos y supimos que decía la verdad, y vimos la gloria de su amor por el universo tal y como estaba representada por su forma más elevada posible, la única elegida por Dios) llena de amor y de verdad.»

Romanos 3, 23 - Escrito por Pablo
«Todos pecaron y están privados de la gloria de Dios; y son justificados por el don de su gracia, en virtud de la redención realizada en Cristo Jesús.»

El punto de vista del metafísico

«Todos los humanos, en su negatividad e ignorancia, no alcanzan el nivel de conocimiento, iluminación y amor que podría haber sido suyo; eso puede cambiar ahora, al ser libremente ofrecido por Dios a través del amor y la verdad traídos a la Tierra por Jesús, el elegido.»

Romanos 6, 23 - Escrito por Pablo

«Pues el salario del pecado es la muerte; pero el don gratuito de Dios, la vida eterna en Cristo Jesús Señor nuestro.»

El punto de vista del metafísico

«El resultado de permanecer en la negatividad y la oscuridad sin amor es el de morir sin iluminación; pero el don libre de Dios, a través de Jesús, traerá la luz, el poder y la vida eterna por medio de su amor y de sus enseñanzas.»

Romanos 10, 9 - Escrito por Pablo

«Porque, si confiesas con tu boca que Jesús es Señor y crees en tu corazón que Dios le resucitó de entre los muertos, serás salvo.»

El punto de vista del metafísico

«Al reconocer abiertamente y al verbalizar las enseñanzas universales y el amor de Jesús, y al creer que él tuvo el poder de resucitar de entre los muertos, tendrás la iluminación, la comprensión y el poder que te permitirá hacer lo mismo.»

Juan 14, 5-7 - Escrito por Juan, citando a Jesús

«Le dice Tomás: "Señor, no sabemos a dónde vas, ¿cómo podemos saber el camino?". Le dice Jesús: "Yo soy el camino, la verdad y la vida. Nadie va al Padre sino por mí. Si me conocéis a mí, conoceréis también a mi Padre; desde ahora lo conocéis y lo habéis visto".»

El punto de vista del metafísico

«Tomás le dijo a Jesús: "Señor, no sabemos a dónde vas, ¿cómo podemos saber cómo proceder por nosotros mismos?". Jesús le dijo a Tomás: "Te he mostrado el camino ofreciéndote la verdad mediante el ejemplo de mi vida. Nadie puede llegar a Dios a menos que lo haga a través de mis enseñanzas y de mi espíritu, pues yo soy uno con Dios. Si me has reconocido, habrás reconocido a Dios, que está en mí; así que, a partir de ahora, puedes decir que viste a Dios y que lo conoces".»

¿Qué hacemos en la Tierra?

Todavía no tengo muy clara la idea de cómo fue que llegamos aquí y que es en realidad lo que estamos haciendo, pero a mí por lo menos me gusta mucho, y no es que sea masoquista.

Mucho se ha hablado y escuchado sobre la pregunta que nos hemos hecho a lo largo de la historia, ¿de dónde venimos?

Estamos en La Tierra desde hace mucho tiempo y hemos vivido muchas vidas, en un proceso de aprendizaje casi eterno para nosotros.

Hemos pasado por mucho: guerras, hambre, enfermedad, pero también hemos tenido muchos momentos felices, hemos amado, hemos creado cosas maravillosas, hemos traído a otros al mundo, hemos conocido mucha gente y muchos lugares hermosos de este maravilloso y generoso planeta.

Nuestro origen viene entonces de mucho más atrás y también diría mucho más "arriba". Nuestra vida fue creada en el cosmos, por nuestros padres cósmicos. No en un sitio físico en el cosmos, ahí no es necesario tener un cuerpo, comer, vestirse. Es un sitio etéreo donde no existe ni el espacio ni el tiempo, cosas difíciles de entender para nosotros en nuestra vida terrenal.

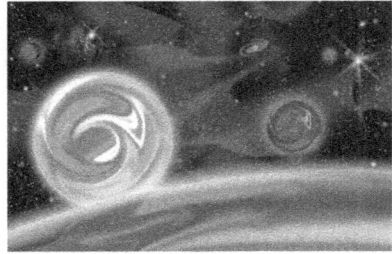

En ese cosmos tenemos una familia, un grupo y miles de amigos celestiales, entidades, maestros ascendidos y por supuesto a Dios.

Repito que no tengo muy clara la idea de cuál fue el plan divino para que estemos acá, esa es una de las cosas que intento descubrir todavía. Cuando me entere te lo cuento.

La cosa es que nosotros decidimos por cuenta propia ser parte de este experimento divino. Somos honrados y muy respetados por eso. La idea fue densificar nuestros cuerpos etéreos y vivir en una biología tal como la conocemos, con un cuerpo físico, mental, emocional y espiritual a la vez.

Para venir a este experimento hubo ciertas reglas del juego que acordamos y aceptamos cumplir. Ellas fueron implantadas en nuestro ADN, el sistema de información incorporado en nuestra esencia.

Una de las reglas fue que íbamos a nacer y morir varias veces en este proceso o plan divino, pero que no nos íbamos a acordar conscientemente (por lo menos así de fácil) de lo que vivimos y experimentamos en vidas pasadas. Sin embargo, lo aprendido formaría parte de la esencia de lo que seríamos en la próxima vida y lo llevaríamos con nosotros todo el tiempo en nuestros nuevos cuerpos físicos, codificado todo en nuestro ADN.

Otra de las reglas fundamentales sería la del libre albedrío. Tendríamos el permiso de decidir nuestro destino y escoger tanto cosas buenas como malas y no seríamos juzgados por eso, sino que se entendería como parte de nuestro aprendizaje y el de todas las otras personas con que conectaríamos en cada vida.

El *Karma* es otra regla que aceptamos para el juego de la vida que jugaríamos. Ya que no íbamos a ser juzgados por Dios, tenía que haber algún mecanismo que nos permita reconocer el bien del mal y poder asumirlo. Se le llama la *Rueda Kármica* y no es más que la compensación que debemos pagar, por así decirlo, por nuestras acciones. Todo lo bueno que hagamos tendría su recompensa y todo lo malo tendríamos que compensarlo, en la misma vida o en cualquiera de las siguientes. ¿Te acuerdas de la ley de La Causa y Efecto?

Se nos asignaría para nuestra vida a un ángel guardián, el cual velaría por nosotros y nos protegería cada vez que pudieran ocurrir situaciones que nos quieran sacar fuera del plan. Este ángel solo podría intervenir si nosotros se lo pedimos, si lo que nosotros le pedimos no hace daño a otras personas y si no contraviene los propios planes divinos. ¿Te das cuenta lo importante que eres para Dios que insistió en mandarte a un ser de luz, de la más alta expresión, para cuidarte día y noche, desde tu nacimiento hasta tu muerte? ¿Y te das cuenta también el trabajo intenso, amoroso y de tanta responsabilidad que aceptó asumir ese Ser de Luz?

¿Te imaginas también que existen más de 6.000 millones de ángeles trabajando de voluntarios en la Tierra y casi la cuarta parte de ellos tuvieron que aprender a entender chino para hacer bien su trabajo y no meter la pata? O el ala.

A nuestra familia cósmica tampoco le estaría permitido intervenir, aunque nuestras almas siempre estarían conectadas. Nos reuniríamos con ella solamente después de cada muerte y antes de la próxima encarnación. Es irónico en este punto el saber que nuestra familia cósmica se apena y llora cada vez que nacemos en la Tierra y se alegra mucho cuando morimos y nos vamos a reencontrar, al contrario de lo sucede en la tierra con nuestra familia terrenal que se alegra cuando nacemos y se entristece cuando morimos.

Cuando morimos nos encontramos entonces con nuestra familia cósmica, amores, amigos y enemigos de nuestras vidas terrenales. Compartimos lo vivido, lo aprendido y acordamos, como en la planificación de una gran obra de teatro, cómo será nuestra próxima vida.

¿Nosotros escogimos a nuestros padres?

Claro que nos gusta decir mucho que nosotros no escogimos a nuestros padres, pero sí, acordamos antes de nacer quienes serían nuestros padres, nuestros hijos, nuestros amores, nuestros amigos y hasta nuestros enemigos. Definimos que papel hará cada uno en beneficio del grupo, qué deudas *kármicas* tenemos pendientes y quién y cómo nos ayudará a compensarlas. Yo conozco a varias de esas personas que se la han tomado en serio y me han ayudado y me siguen ayudando a pagarlas todas. ¿Y tú?

Entonces estamos en la tierra, con nuestros cuerpos físicos, emocionales, mentales y espirituales, vibrando con todo el planeta y aprendiendo a ser felices.

Existe una gran noticia en cuanto a la *Rueda Kármica* y a esta historia de nunca acabar. Ya va a acabar y estamos a punto de graduarnos (o no) en esta gran escuela de la vida. Te lo cuento más adelante en el capítulo llamado ¿Qué pasará el 21 de Diciembre del 2012?

Todo es Energía, Vibra y tiene Consciente = LUZ

Así es. Somos seres de luz. De luz y de amor.

En física me acuerdo que nos enseñaron que todo está compuesto por átomos. Y los átomos son un núcleo con electrones alrededor. Nada que se pueda tocar o agarrar con la mano, ¿no? Además parecería que todo está vacío en el átomo, se ve más espacio sin materia que núcleo. También se parece algo a un sistema solar, es que como es arriba es abajo, todo está hecho a imagen y semejanza.

El átomo de una piedra está diseñado de la misma manera que el átomo de una planta, o de un animal. Entonces, estamos todos y todo hechos de lo mismo: de átomos que son energía y si la vida es energía, todo entonces es vida.

Todo vibra

No nos tomó mucho tiempo aprender que todo es energía y que estamos hechos de lo mismo que una piedra o una planta.

Entonces ya podemos pasar al siguiente tema: la vibración, porque todo vibra. Todo vibra y vibra para ti.

Todo vibra y las diferentes vibraciones hacen al mundo. Si todo vibrara a la misma frecuencia, todo sería del mismo color, del mismo sonido, todo igual. Hay vibraciones de miles de millones de intensidades y modos diferentes.

En Metafísica se le llama "La Ley Metafísica de la Vibración" tal como ya lo hemos mencionado antes y lo que dice es que el movimiento se manifiesta en todo el Universo. Nada está en reposo, todo se mueve vibra y circula.

Podemos tomar al cuerpo humano de ejemplo para entender este principio. Cada órgano, cada átomo, cada célula tiene una vibración determinada, a una frecuencia determinada, para la función que tiene que realizar. Al final resulta una sinfonía perfecta de vibraciones que se producen en su tiempo exacto, lo que le permite a cada parte cumplir exactamente su función.

Ocurre lo mismo en todos los reinos, el mineral, vegetal y animal. Todos los seres vibran a frecuencias determinadas y estas vibraciones hacen que cada uno sea lo que es, desde una piedra en el río o un diamante, hasta una planta o un animal.

¿Qué más vibra?

Vibra todo. Tus pensamientos son vibraciones, los colores y los sonidos son vibraciones. Tus emociones y tus sentimientos son vibraciones. Los números son vibraciones. Y por último, nuestras conciencias son vibraciones.

Muchas veces debes haber escuchado: "esa persona que buena vibra que tiene", o cuando quieres desear algo bueno a alguien le mandas buenas vibras. También has escuchado decir: "esta casa no tiene buena vibra", ¿no?

Los sentimientos son vibración y me imagino que ya aprendiste que el sentimiento de más alta vibración es el amor incondicional. Lo siguen el agradecimiento, la compasión y así una gran lista. En los últimos lugares del ranking encontraremos al rencor, resentimiento y odio.

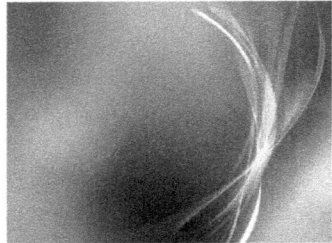

En el plano físico podemos procesar con nuestro cerebro una limitada gama de frecuencias que podemos captar a través de nuestros sentidos. Es limitada porque es solo una porción muy pequeña, si la comparamos con la cantidad de frecuencias que existen. Sin embargo, son tantas que podemos apreciar colores y formas hermosas, sonidos, sabores y olores que parecen infinitos e inacabables. Nuestros ojos, nuestros oídos, nuestra piel, nuestra nariz y nuestra boca son capaces de procesar vibraciones en nuestro cerebro y darles un sentido "real".

Pero las vibraciones de los colores, sonidos, olores y sabores son percibidas también por nuestro plano metafísico (no físico), en el alma. El alma no solo recibe, interpreta y se alimenta con estas vibraciones, sino también con las vibraciones del amor, del agradecimiento, de la compasión y, lamentablemente, también con las vibraciones del odio, rencor y resentimiento.

Los receptores de las vibraciones del alma o del plano metafísico son los *chacras*. Ya nos ocuparemos de los *chacras* más adelante. ¿Te das cuenta como todo va conectado?

Nosotros somos como grandes receptores —como un televisor o radio— y somos capaces de atraer las millones de vibraciones que están a nuestro alrededor. También, como en un televisor, somos capaces de elegir qué tipo de frecuencias recibir. Mientras más elevadas estén sintonizadas tus frecuencias de vibración, más elevadas frecuencias recibirás. Puedes sintonizar a tu libre albedrío un canal de noticias impactantes, canales de sexo y violencia o Animal Planet o Discovery Chanel. Según la frecuencia en que te sintonices, recibirás gente, información y noticias.

El ser humano se ha acostumbrado desde el principio a negar la existencia de lo que no puede percibir, ver o probar que existe. Pero hay cosas que "percibimos" que existen, en nuestro fuero interno, pero no podemos probar su existencia, Eso no debe ser razón para afirmar que no existen, ¿no crees?

Todo tiene Consciente

Cuando se habla de Consciente se habla de vida, una vida conectada a Todo lo que Es. Para que un átomo o una célula de nuestro cuerpo cumplan una función específica, tienen que tener su propio Consciente. El conjunto de células que forman el corazón, que late día y noche para que la sangre pueda irrigar todo el cuerpo y regresar para su purificación en los pulmones, tienen un Consciente amoroso que trabaja con los otros millones de células del cuerpo para el conjunto que eres tú.

Cada célula y cada parte de tu cuerpo trabajan para puedas vivir, experimentar emociones y cumplir tus propósitos. Igualmente todos somos parte y trabajamos para conjuntos mayores como la Humanidad, la Tierra y así hasta todo el Universo.

El Planeta Tierra tiene Consciente y está consciente también de todos los cambios en los que debe participar para entrar en la Nueva Era con nosotros. La Madre Tierra, o conocida en el mundo espiritual como *Lady Gaia* es una entidad amorosa que nos ha proporcionado, a través de miles de millones de años, todo lo que necesitamos para vivir y alimentar nuestro cuerpo y espíritu, con el amor incondicional más completo.

Habría que recordar como Los Incas veneraban a su *Pachamama*, o Madre Tierra, agradeciéndole y devolviéndole con amor su generosidad. Los Incas tenían una cosmovisión muchísimo más amplia que sus contemporáneos los españoles y hasta mucho más que nuestros contemporáneos.

Igual el Sol tiene consciente. Es el Dios del Sol, otra entidad amoro sa que nos provee de la luz y el calor, fuentes de vida de todo lo que es. Los Incas también lo veneraban, ¿que sabían ellos que nosotros no sabemos?

Y así, podríamos pasarnos describiendo todo lo que es energía, vibración y tiene Consciente.

El agua, que es del reino mineral, no solo da la vida sino que es pura vida, tiene uno de los Conscientes más altos y amorosos. El agua da vida, salud y transmite todas las demás vibraciones de la existencia. El agua como vida, energía, vibración y conciencia se merece un capítulo aparte, el cual está más adelante, ¡es apasionante!

Para terminar con este capítulo, que nos prepara para los próximos, podemos concluir entonces que somos seres de luz, energía, vibración y conciencia. Los humanos somos capaces de elevar nuestras conciencias, elevando las frecuencias y vibraciones de nuestros cuatro cuerpos: físico, mental, emocional y espiritual, porque nuestra esencia es de luz y amor, de eso estamos hechos.

En la medida que cada uno de nosotros pueda elevar su consciencia, la consciencia del planeta se elevará y nos llevará a estados de paz, armonía y amor. Es parte de nuestra responsabilidad para con La Nueva Era.

– III – ENERGÍA Y VIBRACIÓN

(Mi gran amigo y editor me sugiere que no entre a temas más complicados para no cansar y aburrir más a mis sufridos lectores, además de dejar material para un próximo libro, claro ¡si éste se vende! Disculpa Jose, algo tengo que hablar de los chakras, voy a tratar de ser lo más light posible.)

¿Qué son los *chakras*?

Seguramente alguna vez has escuchado a alguien hablar de los *chakras*. Los *chakras* se han conocido y utilizado en las culturas orientales desde hace miles de años y es recién en esta Nueva Era que el occidente los está reconociendo y entendiendo para integrarlos en su vida.

El yoga —bastante practicado ya en occidente— es una forma de armonizar los *chakras* con el cuerpo para conseguir efectos muy positivos en nuestra vida diaria. El yoga, como sabrás, tiene miles de años de existencia, ¿por qué recién lo conocemos ahora en occidente? Es parte de los cambios hacia la Nueva Era.

Uno de los muchos sitios de Internet dedicado a los *chakras* explica:

Los *CHAKRAS* son los puntos energéticos a través de los cuales se alimenta el ser humano.... El ser humano cuenta con Siete Puntos Energéticos Básicos, a través de estos siete puntos energéticos, el Cuerpo Astral le da energía al cuerpo físico, definiéndole las diversas facetas de su salud y su destino.

Estos siete puntos han sido denominados con diferentes nombres a través de las culturas y las épocas, su referencia esotérica más citada les concede el nombre de *Chakras* según la influencia oriental de los últimos siglos, mientras que su referencia científica los ha descubierto como Glándulas Endocrinas. Esta alimentación energética tiene que estar compensada en el ser humano con la respiración y la comida, que son los pilares del mantenimiento del ser vivo.

Entonces los *chakras* son centros de energía en nuestro cuerpo físico que se encargan de tomar la energía de la consciencia superior —nuestra alma— que está conectada al universo y se encargan de tomar esta energía y distribuirla en nuestro cuerpo. Cada uno de estos centros tiene un grupo de órganos asociados a ellos, los cuales tienen a su vez una serie de emociones asociadas a ellos.

Los *chakras* más conocidos son 7 (¡buen número!) y están distribuidos en nuestro cuerpo de abajo hacia arriba a lo largo de nuestra columna vertebral hasta la cabeza.

El Primer Chakra o Chakra Raíz se encuentra en la zona cerca del pubis y tiene que ver con nuestra estabilidad y contacto con la tierra. Es de color rojo y trabaja en conexión con el Séptimo *Chakra*.

El Primer *Chakra* gobierna a las glándulas suprarrenales, columna vertebral, huesos, riñones, piernas y médula. Su elemento es la tierra.

El Segundo *Chakra* o *Chakra* Ombligo, está ubicado en nuestra zona pélvica y trabaja con el sistema reproductor, testículos en los hombres y ovarios en las mujeres. Es de color naranja. Tiene que ver con la creación y creatividad del ser humano. El Segundo *Chakra* trabaja en conexión con el Quinto *Chakra*. Su elemento es el agua.

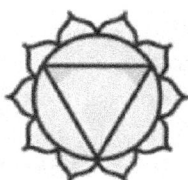

El Tercer *Chakra* o *Chakra* del Plexo Solar se ubica en la zona del estómago y tiene influencia sobre todo el aparato digestivo, bazo, páncreas, esófago, hígado y vesícula biliar. Es de color amarillo y trabaja en conexión con el Cuarto *Chakra*. Su elemento es el fuego.

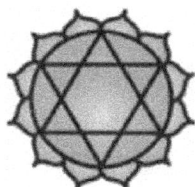

El Cuarto *Chakra* o *Chakra* Corazón, está ubicado en el medio del pecho sobre el Timo y controla todo el sistema cardiovascular, corazón y pulmones. Se le relaciona con la emoción, la compasión, el amor, el equilibrio y el bienestar. Es de color verde y como dijimos antes funciona en conexión con el Tercer *Chakra*. Su elemento es el aire.

El Quinto *Chakra* o *Chakra* Garganta se encuentra en la garganta (¡claro!). Se relaciona con la comunicación y el crecimiento, entendiéndose el crecimiento como una forma de expresión. Este *chakra* está relacionado con la tiroides (la glándula en la garganta que produce distintas hormonas responsables del crecimiento y el desarrollo), sistema respiratorio, pelo, piel, boca, cervicales.

Este *chakra* es de color azul y como mencionamos antes, trabaja en estrecha relación con el Segundo *Chakra*. Su elemento es el éter.

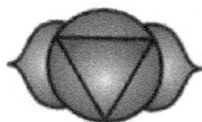

El Sexto *Chakra* o *Chakra* Frente se encuentra en el medio de nuestro cerebro, junto a la glándula pineal o también llamado el Tercer Ojo. Es el *chakra* del tiempo, la percepción y luz. Gobierna la hipófisis e hipotálamo, nariz, ojos. Es donde se procesa toda la información de los otros *chakras* y da órdenes a través del cerebro al cuerpo. Es de color índigo y trabaja en conexión con todos los otros *chakras*. Su elemento es la luz.

Y por último pero no menos importante el **Séptimo *Chakra* o *Chakra* Coronario**, que se encuentra ubicado en la parte de arriba de nuestra cabeza, donde iría la corona si fuésemos reyes. Es el *chakra* que nos conecta con nuestra alma o divinidad. Gobierna la epífisis y sistema neuro-
rológico. Es de color violeta y como dijimos trabaja en conexión con el Primer *Chakra*. Su elemento es el espacio.

Pero ¿por qué es importante esto de los *chakras*? Porque son los centros de energía —aunque invisibles para muchos (algunos dicen que los ven) — son los que hacen que la energía de la vida, o conciencia superior, se distribuya en nuestro cuerpo biológico, el cual está completamente conectado con nuestros cuatro cuerpos (físico, mental, emocional y espiritual) formando esa unidad maravillosa que somos nosotros.

Esto lo conocía muy bien la Medicina Tradicional China, que aplica la acupuntura para sanar. En tiempos recientes lo empezaron a aplicar médicos tradicionales a través de la homeopatía en el mundo occidental.

Como ya te habrás dado cuenta, los *chakras* son los receptores y transmisores de energía por excelencia y por lo tanto, de vibraciones y colores.

Nosotros somos capaces de percibir las diferentes vibraciones a través de nuestros sentidos, pero nuestro cerebro y racionalidad solo puede interpretar algunos. Sin embargo nuestras células y alma también interpretan y entienden muchas más vibraciones fuera de nuestro rango de sentidos a través de sonidos, colores y cristales, es por eso que a continuación damos un breve vistazo a aquellas vibraciones.

Los Colores

Seguimos hablando de energía, frecuencias y vibraciones cuando hablamos de los colores. ¿Te das cuenta cómo todo está integrado e influye en nuestros cuatro cuerpos? No podrás negar lo que ya sabías y ahora te darás cuenta más claramente de como este tipo de vibración de la luz nos afecta después de lo que te voy a contar de los colores.

La psicología ha empezado a integrar las teorías del color publicadas por Goethe en 1793, donde afirmaba que cada color produce una conducta premeditada específica.

¿Cómo te sientes en un día gris y oscuro? ¿Cómo te sientes en un día soleado con cielo azul? ¿No son diferentes tus estados de ánimo dependiendo del cielo de cada día? ¿No te da paz un paisaje verde? ¿Te has puesto a buscarle una explicación científica a estos hechos? ¡También debes haber escuchado varias veces que la vida es color de rosa!

Te cuento que las vibraciones o frecuencias que contiene cada color son capaces de sanar tus cuatro cuerpos, sin medicinas compradas en la farmacia. Cuando las personas aprendan a utilizar las vibraciones de los colores, así como de los sonidos, del agua y de los cristales, lo cual se hará en la Nueva Era, ya no será necesario acudir a las costosas y muchas veces perjudiciales medicinas negociadas por los laboratorios, en la que yo llamo la perversa industria de la enfermedad (no de la salud). De este tema nos ocuparemos en detalle más adelante.

Los colores son asimilados por nuestros cuerpos y son capaces de regular eventuales desarreglos energéticos que a su vez se traducen en enfermedades físicas.

Para adelantarnos un poco en el tema de las enfermedades y la salud podríamos decir que una enfermedad física es siempre la manifestación en nuestro cuerpo físico de un desarreglo en nuestros campos energéticos y emocionales; desde ahí se debe abordar la enfermedad para buscar una sanación, que no es lo mismo que una curación. La sanación busca equilibrar los aspectos energéticos y emocionales para que el cuerpo físico se sane.

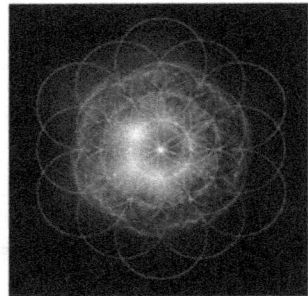

La medicina tradicional solo busca curar al cuerpo físico con medicinas o cirugías, esa es la gran diferencia en este tema al que nuevamente tendremos acceso en la Nueva Era. Suena bien esto de la Nueva Era, ¿no? Para nosotros sí, para los laboratorios no creo que mucho.

Bueno, regresando a los colores. La sanación con colores es también conocida como Cromo Terapia. ¿Cómo funciona?

En nuestras clases de física del colegio nos enseñaron que existen los colores primarios (rojo, amarillo y azul) y los secundarios (naranja, verde y violeta).

También se pueden clasificar como colores fríos y los colores cálidos. Para reconocer cuales son los fríos y cuáles los cálidos, basta con trazar una línea desde el amarillo-verde. Los de la izquierda son los fríos, mientras los de la derecha son los cálidos.

Los colores son parte de nuestra vida y nuestros 4 cuerpos son capaces de afectarse por ellos, por lo que podemos sacarles el mejor provecho ¡solo viéndolos, percibiéndolos, vistiéndonos con ellos o comiéndolos!

Los Números

Ya que hemos visto que todo vibra y tiene Consciente, ¡te cuento que los números también! ¿Sabías esto?

La disciplina que estudia esto se llama la Numerología, y es bastante complicada pero interesante si se quiere profundizar en el tema. Como el objetivo de este libro es solamente darte algunas luces sobre los temas que se utilizarán como herramientas en la Nueva Era, vamos a hacer un repaso ligero sobre lo que son los números y como se entienden.

Por ejemplo, has escuchado seguramente del 666, "el número de la bestia", ¿no? Bueno, te cuento que no es así y no hay nada de qué preocuparse por este número, ni por ningún número. Más adelante te digo porque.

Hagamos entonces un breve repaso de los números y despúes haremos unos juegos con ellos.

El número 1 es femenino y de una muy alta vibración. Es el número de la intuición.

El número 2 es el polo opuesto, la energía masculina, fuerza.

El número 3 es de una vibración muy espiritual y muy divina. Lleva en si la vibración de la Trinidad Madre-Padre-Hijo. El número 3 siempre va a jugar un papel muy importante en tu consciente. El número 3 es un número Divino (a propósito, ¿te habías dado cuenta con que descaro las sacaron a las madres de la más Santa Trinidad y la reemplazaron con una paloma?)

Este número tiene una gran fuerza. Por ejemplo, cuando las cosas se dicen 3 veces se anclan muy fuertes en el Consciente. En la religión cristiana se utiliza mucho este número, "Aleluya, Aleluya, Aleluya", o "por mi Culpa, por mi Culpa, por mi Gran Culpa" ¡Intenta decirle a tu pareja "Te Amo, Te Amo, Te Amo" y verás cómo la noqueas de amor!

El número 4 es el número de Cristo, que está fusionado con Todo lo que es. Es la energía de la Salvación.

El número 5 es el tono absoluto de la vibración en el universo, muchas veces también se le llama el número de Buda en el Universo. Trae la divinidad absoluta, así como la Compasión.

El número 6 crea estabilidad. Es el Orden y la Estructura.

El número 7 es la transformación y el cambio. La Tierra (*Lady Gaia*) se encuentra en la vibración del cambio, del número 7:

Simboliza el estado de TOTALIDAD, y nos indica que se ha superado una etapa especial en un momento dado.

Todo en la Creación recorre siete etapas de actividad, seguidas por un momento de descanso. El Siete es un punto final que obliga a un reposo para luego comenzar una nueva serie de siete pasos.

Nuestro Sol tiene siete planetas a su alrededor porque está regido por el número Siete.

Siete son los colores de nuestro prisma.

Siete los sonidos musicales.

Siete los días de nuestra semana.

Siete son las edades del hombre (7-14-21-28-35-42-49) para lograr su madurez, autoridad y libertad.

4 veces siete, o sea 28 son los ciclos lunares, igual que los ciclos menstruales de la mujer.

Para mí no es casualidad que mientras me encuentro escribiendo este libro (o manuscrito como dice mi editor) estoy cumpliendo 49 años, o mejor dicho estoy cumpliendo 7 ciclos de 7 años.

El número 8 es el número del equilibrio y de la calma interna, el número que te dirige a la Paz.

El número 9 es la Fuente Divina y que siempre resulta en el mismo 9.

Por ejemplo:
El 99 es 9+9=18, o sea 1+8=9, ó 9x9=81, o sea 8+1=9

El 999 es 9+9+9=27, 2+7=9 ó 9x9x9=729, o 7+2+9=18, 1+8=9

El 666

Vamos a revisar el número 666, el número asociado a la bestia (¡en realidad a la bestia que todos tenemos dentro y que no nos deja vivir en paz!). Veamos cómo el 666 es un 9 (el número de la divinidad más alta) disfrazado.

Si sumamos los 3 seis tendremos un 18, que sumado es 9. Si queremos multiplicar el resultado (9) por el número del poder 3, resultará en 27, otra vez 9. Ahora si vemos que los 3 seis representan seis veces a sí mismo (es decir seis al cubo), resultará un 216, que sumado también da 9. No hay que temerle al 666 ni a ningún número. Los números nos transmiten información importante y son una maravillosa herramienta tridimensional (de la cual solo utilizamos 2 dimensiones). Los números son matemáticos pero despliegan energía.

La importancia de los tres seis seguidos es el siguiente: cada 6 representa uno de los 3 cálculos del "seis matemático básico" de la Tierra.

El primer 6 representa el sistema del tiempo, el cual se derivó de la rotación de la tierra (60 segundos, 60 minutos) y se ha utilizado fielmente desde su descubrimiento.

El segundo 6 representa el sistema de la brújula magnética de 360°, desarrollado de nuevo a través de las demandas físicas de la Tierra, al ser circular. Si nos damos cuenta, la brújula es un "círculo de nueves", cada uno de los ocho puntos de 45 grados se suma para formar un 9! Además los polos opuestos de cada uno de los ocho puntos, sumados juntos también equivalen a 9 (360 + 180; 45 + 225; 90 + 270, etc.).

El sistema final del seis básico es la gravedad. Cuando seamos capaces de calcularla y manipularla, descubriremos que es también un sistema de seis básico. Pero eso sucederá todavía más adelante, en La Nueva Era!

A través de los números puedes jugar y encontrarle la vibración a tu fecha de nacimiento (sumando todos los números, p.e. 15-101963=26 que es 2+6=8).

También puedes conocer la vibración de tu nombre sumando los números asignados a las letras

a	b	c	d	e	f	g	h	i	j	k	l	m	n	o	p	q	r	s	t	u	v	w	x	y	z
								1	1	1	1	1	1	1	1	1	1	1	2	2	2	2	2	2	2
1	2	3	4	5	6	7	8	9	0	1	2	3	4	5	6	7	8	9	0	1	2	3	4	5	6

M	i	g	u	e	l		
4	9	7	3	5	3	=31	=4

También es posible interpretar la vibración del número de tu casa, o de varios números que de repente se te repiten en el reloj, placas de auto, etc. Juega con los números e interprétalos, es divertido.

Las enfermedades y la salud

Sobre la salud y las enfermedades hay todavía muchísimo por descubrir. Poco a poco la medicina tradicional de occidente está poniendo sus ojos en la relación que hay entre las enfermedades del cuerpo físico, las emociones y nuestra alma.

En los últimos años se han dado descubrimientos espectaculares sobre esto y se seguirán dando. Lamentablemente, como ha pasado siempre en la historia de la humanidad, hay grupos de poder que están muy interesados en que el conocimiento se esconda y no esté al alcance de todos, porque implicaría una pérdida de poder (ya sea religioso, económico o político).

TODA enfermedad es la consecuencia de algún desajuste en nuestros cuerpos emocional o energético, que se manifiesta en nuestro cuerpo físico.

Existirá siempre un motivo para que el páncreas crea que debe producir más azúcar y mandarla al cuerpo produciendo una diabetes, porque de repente siente que a la persona le hace falta dulzor en su vida.

Habrá siempre algún motivo para que las células se olviden de su función y empiecen a degenerarse y desarrollarse en cáncer.

Habrá siempre un motivo para que el sistema respiratorio sienta que debe producir mucosidad para eliminar por ejemplo una tristeza del alma y producir una rinitis.

Habrá siempre una razón para que el cuerpo empiece a poner rígidas las articulaciones pues entiende que está sucediendo una falta de control sobre el entorno de la persona, creando una artritis. Y así sucesivamente.

La medicina tradicional de occidente ha realizado avances espectaculares en la forma de curar las enfermedades, pero ha sido limitada al cuerpo físico, a la consecuencia y no a la causa.

Si no encontramos la causa y simplemente vamos al efecto, nunca llegaremos a entender lo que nuestra alma quiere decirnos, hablando a través de la enfermedad. De ahí la gran diferencia entre sanar y curar.

Hay tantas formas de sanar como enfermos y sanadores hay en el mundo. Todos, absolutamente todos, enfermamos alguna vez y todos, absolutamente todos somos sanadores también. ¡Habla Chamán!

Jesús, el más grande maestro sanador de todos los tiempos usaba las manos y la palabra para sanar, y su técnica fue tan avanzada que bastaba tocarle la túnica para ser sanado. Pero él siempre decía que no era él quien sanaba, sino la fe del enfermo la que sanaba en realidad.

De sus enseñanzas y testimonios podemos deducir que el sanador es en realidad un medio para conectar el cuerpo y el alma de la persona con su alma superior, donde está la perfecta información de cómo debe funcionar (nuestro cuerpo) en perfecta salud, para traerla a nuestro plano dimensional, ¿se entiende?

De ahí la explicación de porqué cada cultura tiene una forma distinta de abordar la enfermedad y sanación y todas ellas funcionan según las creencias (fe) de cada una.

También es cierto que a través de los tiempos el hombre común ha ido desarrollando sus técnicas y ha ido encontrando formas o elementos de la naturaleza para ayudar en este proceso de sanación, llámese agujas, colores, cristales, hierbas, imanes, esencias florales, todas orientadas a hacerle recordar al cuerpo como debe funcionar correctamente y a reactivar el correcto funcionamiento de los campos energéticos.

Es solo la medicina occidental la que utiliza fármacos, muchas veces más dañinos que beneficiosos, fomentando cada vez más su uso, sin importar la causa. Podemos ver en televisión comerciales que te alientan a comer y beber en exceso para luego resolver el malestar y la indigestión con una pastillita que ellos venden.

La explicación de todo esto se puede resumir en que nosotros tenemos 4 aspectos en nuestro cuerpo:

El aspecto físico, o sea el cuerpo, órganos, cerebro, huesos, todo lo que constituye el plano material de nuestro cuerpo, todo lo que vemos, se puede ver y tocar. Es donde se manifiesta la enfermedad.

El aspecto energético que a través de los *chakras* gobierna nuestro cuerpo y toma la información de otros planos.

El aspecto arquetípico que es donde está toda la información sobre cómo debe actuar cada órgano, cada glándula, cada célula, para el funcionamiento de la complicada y armoniosa vida se da en nuestro cuerpo.

El aspecto del alma o conciencia donde se da la conexión con la conciencia superior o Todo Lo Que Es.

Cuando uno o los tres aspectos que no vemos se desarregla, la información llega con errores al cuerpo físico y esto se manifiesta en la enfermedad.

Esto nos lleva a entender los estudios del Dr. Hamer

– IV – EL CÁNCER Y LA NUEVA MEDICINA GERMÁNICA

Consejos de mi editor:

"... sobre todo piensa en que dar toda la información que quieres en un solo libro va a ser demasiado, y desaprovechas la oportunidad de desarrollar adecuadamente los temas que se ve que dominas y te apasionan. La frescura de las primeras páginas de tu manuscrito debe ser transversal a todo el libro."

Me vas a tener que disculpar otra vez José, es que no sé cuándo podré volver a escribir un libro, y siento que tengo que exponer el tema a continuación pues de repente hasta puede salvar vidas. Bueno, ahí va.

Te preguntarás que tiene que ver con este libro lo que te voy a contar sobre el cáncer, pues tiene que ver con la óptica que tendremos en La Nueva Era con respecto a enfermedades como ésta. Una vez que se empiecen a desmoronar antiguos paradigmas, manipulados además por la gran y poderosa industria farmacéutica, surgirán libres estos conocimientos.

Un ejemplo de cómo la gran industria farmacéutica y grandes grupos de poder no desean e impiden que el hombre común tenga acceso a sanarse de la forma natural que es accesible a todos, es la historia del Dr. Geer Hamer. Exponer sus teorías le costó la cárcel y desde 1997 vive en el exilio.

El Dr. Hamer es un médico alemán que descubrió la forma de sanar el cáncer y sustentó sus estudios con más de 20.000 casos reales en las cuales su técnica y conocimientos funcionaron. Si, así como lo estás escuchando (o mejor dicho leyendo) ¡este hombre ya descubrió hace tiempo el origen y la cura del cáncer!

Más del 95% de sus pacientes sanaron de cáncer con su método, mientras que con los tratamientos invasivos como quimioterapia y radioterapia se pueden salvar, en el mejor de los casos, el 50%. Demostrado está también que del 50% que se salva sobreviviendo al bombardeo químico, se le acorta la vida sustancialmente.

Sus estudios están centrados en el cáncer, pero se pueden aplicar a cualquier enfermedad por igual.

La Historia del Dr. Hamer

El Dr. Hamer y su esposa vivieron una experiencia muy fuerte, cuando estaba de paseo con su hijo y éste recibe el impacto de una bala perdida, que más tarde acabaría con su vida. Luego de un tiempo su esposa desarrolla un cáncer en la mama izquierda y él un cáncer en el testículo derecho. Luego de hacerse los tratamientos convencionales para el cáncer, su esposa pierde la vida y él se salva.

Le llamó la atención muy poderosamente la coincidencia de ambos cánceres y dedicó años de estudio para poder determinar si el trauma vivido con su hijo tendría alguna relación.

En este capítulo, en el que voy a tratar de mostrar de la forma más sencilla y práctica posible el tema del cáncer y otras enfermedades, muchas de las palabras no son mías sino del Dr. Hamer, las cuales he extraído de algunos artículos, videos y entrevistas que he encontrado en la web, pues su medicina está prohibida en casi todos los países en el mundo.

El Dr. Hamer realizó estudios en lo que él llamó La Nueva Medicina Germánica, los cuales han sido verificados en muchas oportunidades (ver más adelante) , con lo que enunció La Ley del Hierro del Cáncer, el cual incluye 3 criterios básicos:

Primer criterio

Todo cáncer o enfermedad análoga al cáncer, se inicia con un S.D.H. (Síndrome Dirk Hamer), es decir, con un choque angustiante, extremadamente brutal y dramático, experimentado en soledad, que se manifiesta casi simultáneamente a tres niveles: psíquico, cerebral y orgánico.

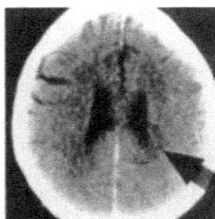

Este "choque conflictual" puede ser causado por ejemplo por la pérdida inesperada de un ser querido, por una separación imprevista, por un diagnóstico al que no se está preparado, por el pánico a la muerte, por una preocupación inesperada, etc.

Este "choque conflictual" interrumpe las funciones biológicas normales del organismo, y para poder manejarlo, el cerebro activa un mecanismo para resolverlo creando una lesión en el cerebro en forma de anillos.

El sitio donde se produce la lesión estará determinado por la naturaleza del conflicto. Por ejemplo en un conflicto de separación se impacta en la corteza sensorial (ver imagen). El tamaño de la lesión está determinado por la intensidad y duración del conflicto.

A nivel del órgano se produce uno de los siguientes efectos:

Multiplicación celular (tumores)

Reducción celular (osteolisis, necrosis, úlceras)

Interrupción funcional o las llamadas enfermedades equivalentes al cáncer como diabetes, parálisis, ceguera, sordera.

Para cada tipo de conflicto hay un tipo de enfermedad y un área específica en el cerebro desde donde esta enfermedad es controlada.

Segundo criterio

*En el momento de producirse el Síndrome Dirk Hamer, la forma del conflicto determina la localización cerebral del **Foco de Hamer**, así como la localización en el órgano del cáncer o del equivalente del cáncer.*

Eso significa que a cada forma de conflicto le corresponde un cáncer determinado, y un emplazamiento específico en el cerebro.

En el momento del DHS, el sentimiento subjetivo del conflicto determina la localización del Foco de Hamer en el cerebro y por consecuencia que órgano o tejido se afectará. Se dice *el sentimiento subjetivo* porque cada persona puede elaborar un conflicto a su manera. Lo que una persona pueda experimentar de una separación, puede ser diferente a lo que experimente otra persona. También es posible que para una tercera, esto sea irrelevante.

Por ejemplo: Si un hombre pierde su negocio de manera inesperada y el banco se queda con todos sus bienes, puede desarrollar angina de pecho (como resultado de un conflicto de pérdida de territorio), cáncer de hígado (como resultado de un conflicto de morirse de hambre) y cáncer de hueso (como resultado de un conflicto de auto devaluación), todos al mismo tiempo.

Estos conflictos biológicos son diferentes a los problemas psicológicos o de estrés cotidiano. Los problemas psicológicos que tienen tiempo para elaborarse no dejan marca en el cerebro y por lo tanto no causa la enfermedad. Claro que este problema si puede predisponer a la persona y volverla más susceptible a un conflicto biológico.

Tercer criterio

El conflicto biológico tiene un triple impacto, casi simultáneo, a tres niveles: psíquico, cerebral y orgánico.

El desarrollo del conflicto determina el desarrollo del Foco de Hamer así como el desarrollo de la enfermedad de manera sincronizada.

Esto significa que mientras más avance el conflicto, la enfermedad seguirá avanzando. Por el otro lado, si se estanca o disminuye el conflicto, la enfermedad también se estanca o disminuye.

Lateralidad

Debido a que el cerebro desempeña un papel tan decisivo en resolver cada situación, se tiene que tomar en cuenta la lateralidad manual.

Esto significa que una persona diestra va a responder a un conflicto con su madre o hijo en la parte izquierda de su cuerpo y a un conflicto con su pareja en el lado derecho.

Por ejemplo si una mujer diestra de repente se preocupa por la salud de su hijo, su seno izquierdo podría afectarse y la lesión correspondiente en el cerebro se localizaría en el hemisferio derecho. Siempre hay una correlación cruzada del cerebro con el órgano.

La lateralidad se puede conocer con la prueba del aplauso. La mano que está arriba es la mano principal y revela si la persona es diestra o zurda.

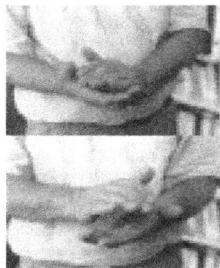

El objetivo de la Terapia en la Nueva Medicina Germánica del Dr. Hamer es identificar el detonante y encontrar una solución al conflicto de una forma tan real y práctica como sea posible.

Por ejemplo si una persona pierde su negocio y fue botado de su trabajo en forma inesperada, debe buscar de recuperarse lo antes posible o buscar algún pasatiempo que lo mantenga ocupado y entretenido. Una vez que el conflicto se resuelve, la curación sigue su curso natural.

La Teoría de la Metástasis

Lo que dice la teoría de la Metástasis es que las células cancerígenas de un tumor primario viajan a través de la sangre o del sistema linfático a otras partes del cuerpo donde producen otro cáncer. Si esto fuera cierto podríamos contagiarnos del cáncer en una transfusión de sangre, lo cual no se ha visto nunca.

La Nueva Medicina Germánica no cuestiona el hecho de poder desarrollar cánceres secundarios o terciarios. Lo que dice sin embargo es que estos cánceres no son el resultado de células cancerosas que migran, sino que son producto de nuevos choques emocionales que la mayoría de las veces se producen al recibir la noticia del cáncer con el consecuente miedo a morir.

También se sabe por la histología que las células cancerosas no pueden mutar hacia otro tipo de célula. Las células cancerosas del colon pertenecen al endodermo (dirigido desde el tallo cerebral) y no pueden transformarse en cáncer de hueso, ya que este se origina en el mesodermo del cerebro nuevo (dirigido desde la médula cerebral).

De más está decirte que esta técnica humana y sin costo de curar el cáncer está prohibida en el mundo. Saca tus propias conclusiones.

Tomemos unos ejemplos de la vida cotidiana para conocer todo este proceso del cáncer.

Por ejemplo imaginemos al personaje que vamos a hacer pasar un mal rato para ilustrar este asunto. Nuestro personaje es una madre que está queriendo cruzar con su hijo de la mano por la calle y vienen un par de combis haciendo carrera y lo hacen volar al muchachito por los aires.

La madre no estaba preparada para tal suceso con su hijo. El muchachito termina en la sala de un hospital entre la vida y la muerte. La madre tiene las manos heladas, no puede dormir, ha perdido el apetito y se halla en estado de estrés permanente. Desde el momento mismo del accidente empieza a desarrollarse en su pecho izquierdo (o en su pecho derecho, si es zurda), un nódulo. Ha sufrido un conflicto típico madre-hijo, con configuración en forma de diana en el cerebelo derecho.

Cuando la madre recibe el alta de los médicos para llevar a su hijo a su casa, y éstos le dicen: "Ha tenido suerte, ha salido bien de esto, no le quedarán secuelas", desde ese mismo momento su conflicto entra en fase de curación. Se ha solucionado el conflicto y a partir de entonces la madre vuelve a tener las manos calientes, puede volver a dormir de nuevo, recupera peso y tiene otra vez apetito.

Para no crear otro personaje y aprovecharnos de la misma mujer, ya que la tenemos como conejillo de indias, pongámosla en otra situación. Esta vez no es una combi sino su mejor amiga que esta vez "atropella" en la cama a su marido y ella los sorprende en el acto. Nuestra pobre mujer desarrollará un conflicto de frustración sexual que en el lenguaje biológico es un conflicto de pareja. En el plano orgánico se traducirá en un carcinoma de cuello de útero si la mujer es diestra, lo cual sabemos por el cachetadón que le propinó al marido (el cual fue censurado para efectos del libro) .

Sin embargo ante la misma situación, no todo el mundo reacciona siempre de igual manera, ni tiene como resultado obligado el mismo conflicto. Por ejemplo, si nuestra amiga ya no quería a su marido y desde hacía tiempo soñaba con el día en que el hombre se fuera de la casa, este delito flagrante no lo va a sentir como un conflicto sexual sino, a lo más, como un conflicto humano de falta de solidaridad con la familia. Éste sería un conflicto de pareja y provocaría un cáncer de mama del seno derecho, si la mujer es diestra (lo cual ya hemos comprobado anteriormente).

Desde el punto de vista psíquico, el mismo suceso, aconteciendo en un contexto psíquico diferente, sólo es en apariencia el mismo suceso ya que en realidad se trata de algo totalmente diferente. **El determinante no es lo que sucede, sino cómo lo encaja psíquicamente el paciente** en el momento del Síndrome Dirk Hamer. En este caso, el mismo acontecimiento podría desencadenar un conflicto de miedo-disgusto, con hipoglucemia (es decir, disminución en sangre del nivel de glucosa) si la mujer hubiera sorprendido a su marido en una escena desagradable con, digamos, una prostituta. O bien, el mismo acontecimiento podría desencadenar una desvalorización de sí misma —con o sin conflicto sexual—, si la mujer hubiese sorprendido a su marido con una chica veinte años más joven que ella. Entonces se hubiera dicho: «Evidentemente, no puedo competir, yo no puedo ofrecerle eso». En una tal situación la zona del cuerpo afectada sería el sistema esquelético (la pelvis púbica), donde se produciría osteolisis, es decir, descalcificaciones, como signo de la desvalorización sexual.

Es necesario saber todo esto para descubrir lo que el paciente tenía en su cabeza en el momento del Síndrome Dirk Hamer ya que es en ese preciso instante cuando se pone a rodar sobre el camino de la enfermedad.

La segunda ley biológica de la Nueva Medicina es la ley de las dos fases de las enfermedades, de todas las enfermedades, no solo el cáncer.

Las enfermedades presentan dos fases:

> •La *primera fase* es siempre la fase fría del conflicto activo, la fase de estrés simpaticotónico.

•Y la *segunda fase*, que implica una solución del conflicto, es siempre una fase caliente, de resolución del conflicto, una fase vagotónica de curación.

La tercera ley biológica es el Sistema Ontogenético de los Tumores y Equivalentes del Cáncer. O*ntogenético* significa que en medicina se pueden explicar todas las enfermedades haciéndolas remontar a la evolución de las especies. ¿ Qué te parece ? Se pone complicada la cosa? Solo las vamos a mencionar porque explicarlas en efecto es bastante más complicado

Se dice que la ontogenia es la recapitulación de la filogenia. Eso significa que la evolución de las diferentes especies hasta llegar al hombre queda resumida durante la fase embrional e infantil. En el desarrollo embrionario sabemos que existen tres hojas embrionarias diferentes que se forman desde el preciso instante del desarrollo del embrión, y de las que derivan todos los órganos:

•La capa embrionaria interna, o *endodermo*,

•La capa embrionaria media, o *mesodermo*, y

•La capa embrionaria externa, o *ectodermo*.

La cuarta ley biológica de la Nueva Medicina, trata del sistema Ontogénetico de los Microbios. Hasta antes de los descubrimientos del Dr. Hamer se concebían a los microbios sólo bajo la óptica de las enfermedades infecciosas, de las cuales se les hacía responsables. Esta manera de ver las cosas parecía lógica ya que en todas las enfermedades infecciosas se encontraban siempre microbios. Pues bien, eso no es completamente cierto.

En los casos estudiados, las enfermedades supuestamente infecciosas, estaban siempre precedidas por una fase de actividad conflictual y es únicamente una vez que se ha resuelto el conflicto cuando los microbios pueden entrar en acción. Y por supuesto, están activados y dirigidos por nuestro cerebro. Lejos de ser nuestros enemigos, son auxiliares nuestros en el sentido de que se llevan los escombros de las secuelas del cáncer una vez que el tumor, tras haber cumplido su misión, deja de ser útil. O bien son las bacterias y los virus los que ayudan rellenando agujeros y reparando los desperfectos ocasionados por las necrosis y las destrucciones tisulares del otro grupo, el grupo gobernado por el telencéfalo. Son pues, de principio a fin, nuestros fieles ayudantes, nuestros trabajadores despreciados. La idea que se tenía del sistema inmunitario (un ejército luchando contra la invasión de los villanos microbios) es absolutamente falsa.

Entonces, lo primero es resolver el conflicto.

Para resolver el conflicto en nuestras relaciones humanas, debemos intentar encontrar desde el principio una solución real al conflicto, es decir, resolverlo en forma práctica, buscar soluciones definitivas. Las terapias utilizadas para calmar, desconectar, tranquilizar, con pastillas u otros métodos no van a funcionar. El conflicto debe resolverse.

Tenemos que entender que la naturaleza es sabia y si ésta ha programado un estrés no es sin razón, puesto que es sólo bajo estrés que la persona podrá resolver el conflicto. Para encontrar una solución real, en vez de suprimir el estrés, debería ser necesario al contrario acentuarlo todavía más para poner al individuo en disposición de resolverlo.

La psiquiatría, administrando tranquilizantes —es decir, productos químicos— para calmar a los pacientes, lo único que consigue es cultivar enfermedades crónicas, ya que a estos pacientes se les priva de sus propios medios naturales para resolver conflictos. De esta manera no podrán jamás resolver sus problemas, y casi siempre quedan enganchados la vida entera a los barrotes de la psiquiatría.

El Dr. Hamer responde a las preguntas:

¿Y qué de todas las cosas que nos dicen que producen cáncer?

No existen substancias cancerígenas. Se han realizado miles de experimentos en animales y sin embargo todavía no se ha podido demostrar realmente que se haya encontrado una substancia cancerígena. El Dr. Hamer hasta considera inclusive que las pruebas que se han realizado han sido "completamente idiotas". Por ejemplo durante un año se inyecta en las narices de ratas dosis concentradas de formol, que estos pobres animalitos evitan normalmente. Al final las ratas desarrollan un cáncer de la mucosa nasal. De hecho, el cáncer no fue debido al formol, sino que dado que estas pobres ratas tienen pánico a este producto, desarrollan un conflicto de mucosa nasal, por tanto un Síndrome Dirk Hamer, un conflicto biológico de no querer oler, se podría decir.

*Además, se sabe que **no es posible producir cánceres en órganos cuyas conexiones nerviosas con el cerebro han sido cortadas**. No obstante se llevan a cabo investigaciones sobre casi 1.500 substancias que se pretenden producen cáncer, que deben tan solo su etiqueta de producto cancerígeno a una reglamentación insensata. Con ello no se quiere decir que todas estas substancias sean inofensivas para nosotros, sólo que no producen cáncer o, por lo menos, que no lo producen sin la intervención del cerebro.*

Hasta ahora la medicina admite que el cáncer era resultado de células orgánicas que se disparaban por azar. Cuando se habla que el tabaco u otros productos producen cáncer, son solo hipótesis que no han sido jamás probadas y es más, resultan indemostrables.

Por el contrario, se ha observado que 6.000 hamster expuestos al humo de cigarrillo habían vivido una media de tiempo superior que sus 6.000 congéneres que durante 6 años no habían sido ahumados. El hecho que les pasó por alto fue que estos hamsters no tienen en absoluto miedo al humo por la simple razón de que viven bajo tierra y por eso en su cerebro no tienen registrado esa señal de alarma contra el humo.

En los ratones domésticos sucede todo lo contrario, a la menor emanación de humo les entra un terrible pánico y huyen. Cuando en la Edad Media se veía una multitud de ratones huyendo de una casa, se podía estar seguro de que en uno u otro rincón había fuego. Por tanto, a un cierto número de estos ratones se les puede provocar cáncer -en forma de manchas redondas en el pulmón-, lo que se corresponde con un conflicto de miedo a la muerte.

Bastan estos dos ejemplos para explicar y hacer comprender que todas las experiencias que actualmente se llevan a cabo en animales no son más que crueldad absurda hacia éstos, dado que en todas ellas se presume que el alma del animal no existe. Resumiendo, no hay ninguna prueba de que existan substancias cancerígenas que actúen sobre un órgano, sin que medie la intervención del cerebro.

¿Y en cuanto a los efectos radioactivos?

La exposición a una radiación radioactiva, como la liberada en el accidente nuclear de Chernobil, destruye indiscriminadamente las células del cuerpo, siendo sin embargo las más perjudicadas las células germinativas (los gametos), y las células óseas, ya que son *estas células las que la naturaleza ha dotado de una tasa de división más elevada.*

Cuando la médula ósea —donde se fabrica la sangre— queda perjudicada y empieza su curación, asistimos a una leucemia que, en principio, es la misma leucemia que se presenta durante la fase de curación consecutiva a un cáncer óseo desencadenado por una desvalorización de sí mismo. Por tanto, y rigurosamente hablando, debemos decir que los síntomas sanguíneos de la leucemia son no específicos, es decir, que no se manifiestan únicamente en el cáncer sino en toda curación de la médula ósea. El hecho de que apenas existan leucémicos sobrevivientes de su enfermedad se debe únicamente a la ignorancia de la medicina de escolares, cuyo tratamiento con quimio y radioterapia destruye lo que todavía quedaba de la médula ósea, es decir, que hace justo lo contrario de lo que debería haberse hecho. En conclusión, la radioactividad es perniciosa, destruye las células, pero no provoca cáncer porque éste puede sólo desencadenarse a partir del cerebro.

¿Y la alimentación sana?

*Pensar que la alimentación sana puede impedir el cáncer es también algo absurdo. Naturalmente, **un individuo** —hombre o animal— **que lleva una alimentación sana está menos sujeto o receptivo a todo tipo de conflictos** de la misma manera que resulta evidente que un rico desarrolla diez veces menos cánceres que un pobre porque se consiguen resolver mayor cantidad de conflictos con una billetera buena.*

¿Cómo resumiría lo esencial de la Nueva Medicina, lo más importante, su eje central?

La Nueva Medicina representa un giro total de la medicina de hipótesis practicada hasta ahora. A la medicina de escolares le hacen falta entre quinientas y mil hipótesis y algunos millares de hipótesis suplementarias para que, a excepción de un batiburrillo de hechos disparatados, no sepa nada en absoluto, y no haga más que trabajar basándose en estadísticas.

Por primera vez en el conjunto de la medicina, la Nueva Medicina sabe en función de qué leyes biológicas se desarrollan todas las enfermedades. Y sabe que en el fondo no son enfermedades reales sino que estas fases de conflicto activo son necesarias, que están ahí para ayudar a resolver un conflicto que teníamos en el marco de la naturaleza y que, en el fondo, el conflicto es para nosotros algo bueno. Es la primera vez que nos es posible tener realmente una visión sinóptica, en conjunto, de nuestras enfermedades. A nivel psíquico, en el plano cerebral y en el plano orgánico, en función de las cuatro leyes biológicas. Y por primera vez en mucho tiempo, la medicina vuelve a ser un arte, un arte para el médico que tenga buen sentido y manos cálidas. No se puede ya detener a la Nueva Medicina. Ni tampoco la nueva manera de pensar que emerge de ella, el fin de la peor forma de esclavitud existente: la total alienación de sí mismo.

El miedo resultante de la pérdida de confianza natural en nosotros mismos y en nuestro cuerpo; el abandono de la escucha instintiva de nuestro organismo, van perdiendo pie y empiezan a tambalearse. Y, comprendiendo las relaciones de causa y efecto entre el psiquismo y el cuerpo, el paciente capta también el mecanismo del miedo, el pánico irracional desencadenado por el pronóstico de los peligros —supuestamente inevitables—, que a partir de ahora sólo son inevitables y mortales en la medida que el paciente se lo crea y tenga miedo.

Se acaba también el inmenso poder de los médicos, engendrado por el miedo del pretendido mecanismo autodestructor del cáncer, por el temor del supuesto crecimiento incontrolado de las metástasis que consumen la vida, etc. La responsabilidad que los médicos nunca han asumido ni han podido asumir, tendrán que *restituirla ahora a los propios pacientes. Esta Nueva Medicina sólo puede significar la auténtica libertad para aquel que la ha comprendido realmente.*

Para finalizar, doctor Hamer, ¿puede explicarnos qué significa el título original de su libro *Vermächtnis einer neuer Medizin*, es decir *Legado de una Nueva Medicina*?

Considero que el descubrimiento de la Nueva Medicina es el legado de mi hijo Dirk, cuya muerte originó mi cáncer testicular. Yo administro este legado para transmitirlo fiel y concienzudamente a todos los pacientes, de forma que con ayuda de esta Nueva Medicina queden capacitados para comprender su enfermedad y que, habiéndola comprendido, la puedan vencer recobrando así la salud".

Traducido de la publicación «*INTERVIU AU DR. HAMER*».

– V – EL AGUA Y LOS CRISTALES

El agua pertenece al reino Mineral, o sea que no debería tener vida. Pero el agua no solo que tiene vida y conciencia sino que es el mejor transmisor de vida, sentimientos y emociones.

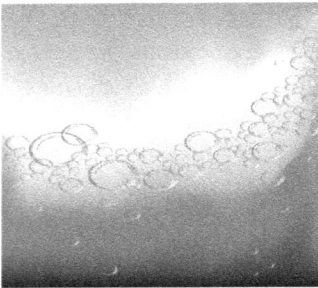

Nosotros somos agua, el 70% de nuestro cuerpo está compuesto por agua y esta llega a conformar hasta nuestra última célula. Es más, fuimos hasta 98% agua cuando fuimos concebidos.

Los alimentos, el aire que respiramos, todo contiene H20. El agua es vida y es la portadora divina de la vida.

Los que me conocen saben que he tenido y sigo teniendo una fascinación por el agua. Desde chico fui nadador y hoy paso los mejores momentos de mi vida junto con mis grandes amigos nadadores de Aguas Abiertas en el mar. El mar nos conecta de una forma difícil de explicar. Entrar al mar, lo cual hago bastante a menudo, es sumergirse en una masa inmensa, completamente viva y llena de energía. Cuando salgo del mar siento que he renovado mi energía en un intercambio con el océano.

Masaru Emoto, un científico japonés al que tuve la oportunidad de conocer personalmente en una visita que hizo a Lima hace algunos meses, ha realizado una serie de estudios y ha demostrado científicamente como el agua es capaz de entender y transmitir nuestras emociones. Cuando las cosas se pueden demostrar científicamente nos es más fácil creer en ellas, aunque tampoco tengamos idea de cómo han sido "probadas científicamente".

El Dr. Emoto empezó a fotografiar los cristales del agua, luego de ser expuesta a diferentes tipos de vibraciones, tales como el amor y agradecimiento, música, etc., obteniendo unas fotos maravillosas.

Cristal del Agradecimiento

Esto significa que el agua es capaz de transmitir emociones y sentimientos y que, sin darnos cuenta, nosotros mismos estamos dándole al agua nuestro mensaje. Si tenemos amor y agradecimiento en nuestros corazones, el agua dentro de nosotros lo asume y distribuye las altas vibraciones de estos sentimientos al interior de nuestro cuerpo. Es la forma más directa y maravillosa de hablar con nuestro cuerpo, alma y hacer que nuestras células respondan a eso. Es una forma de comunicación que no necesita otro lenguaje adicional, es directo.

Cuando expresamos algo —por ejemplo amor y agradecimiento— nuestra agua celular es la primera que lo recibe, lo asimila y todos nuestros cuerpos se llenan de gozo por esos sentimientos. Después se va transmitiendo como ondas de agua a todas las personas, animales, plantas y cosas a nuestro alrededor.

No me gusta hablar de lo negativo, pero tienes que saber que así funciona también. Si tienes odio, rencor, envidia o cualquier sentimiento en la escala más baja de las vibraciones, pasará lo mismo. Los primeros en recibir esas malas vibras serán tus propios cuerpos y así te sentirás, y si tu cuerpo está contaminado con esas vibraciones bajas no lo podrás transmutar.

En cambio, las personas a las que quieres transmitir esos sentimientos, sí son capaces de transmutarlos, torearlos o simplemente no recibirlos, si es que tienen un escudo de altas vibraciones que no puedan ser atravesadas por tus energías de baja vibración.

Te voy a contar un contacto maravilloso y revelador que tuve hace más de 20 años en el Cusco con Aída, una gran amiga hasta hoy. Ella es capaz de conectarse con tu ángel.

En esa ocasión Aída canalizó para mí un mensaje práctico que aplico desde entonces. Hoy, después de conocer los estudios científicos de Emoto puedo reconocer la sabiduría del mensaje de ese entonces, en el cual creí y apliqué sin valorarlo ni cuestionarlo, y ¡sí que funciona!

El mensaje decía: "Todas las mañanas toma 2 vasos de agua en ayunas y pronuncia las palabras 'Gracias Dios mío por esta Agua que me Sana, me Bendice y me Purifica'". Lo hago y en efecto siento realmente como el agua me sana, me bendice y me purifica. Yo no sabía que le podíamos hablar al agua y que ella se encargaría de mandar el mensaje vía decreto a mis cuerpos físico, mental, emocional y espiritual.

Deberías probar de mandarle mensajes o decretos a tu cuerpo vía el agua, ahora que además sabes que está científicamente comprobado. Lo que no se ha probado aún —y no sé si se probará algún día— es como nuestros cuerpos son capaces de leer el mensaje que enviamos en el agua y como lo reciben desde sus propias conciencias y se armonizan con nosotros dándonos lo que les estamos pidiendo, o si quieres ponerlo de otra forma, ordenándoles amorosamente.

A continuación en podrás encontrar una serie hermosa de cristales que el agua puede transmitir a nuestros cuerpos y ellos entenderán inmediatamente el mensaje, orden o decreto que les envías, como la quieras llamar.

Los Cristales de la Veracidad

Ahora sí estamos entrando a planos más esotéricos pero no menos reales, hermosos y divinos a la vez. Te invito a que explores un poco el mundo de estos cristales, los pruebes y saques provecho a su magia, gran amor y sabiduría.

Ya vas a decir que te he estado preparando la camita para llevarte a entender esto de los cristales. En cierta forma es verdad.

La Leyenda de los Cristales

Se dice que Los Cristales fueron anclados hace aproximadamente 12.000 años por Toth el Atlante, con ayuda de los Sacerdotes del Pueblo Azul, de los Maestros Ascendidos, de los Ángeles, de los viejos Dioses y de la Santa Trinidad, Madre, Padre e Hijo.

Después de la caída de la Atlántida, este viejo conocimiento tenía que estar a disposición, junto con los Cristales, para este Tiempo de Ascensión de la Humanidad. Los Cristales siguen escondidos en una recámara de la pirámide *Gizeh* y todavía no se han encontrado; sin embargo, han sido transmitidos y canalizados con sus nombres y números vibratorios para ser utilizados en la Nueva Era.

Al exponer estos cristales al agua, forman figuras geométricas hermosas, algunas de las cuales han sido fotografiados por Masaru Emoto.

¿Cómo se utilizan Los Cristales?

Los Cristales vienen con la información cargada de tal manera que tus cuerpos físico, mental, emocional y espiritual los pueden reconocer desde la Veracidad. La Veracidad se define como el origen de tu conciencia y está conectada a Todo Lo Que Es.

Ya que los Cristales trabajan en esa dimensión, lo único que tienes que hacer es dártelos a ti mismo, ya sea visualizándolos o acercándolos al agua que vas a tomar. Ellos se cargan automáticamente en tu cuerpo áurico y en tu agua celular y producen los efectos para los cuales fueron creados.

La Energía de los Cristales siempre funcionará para tu máximo bienestar, por lo que no puede haber error en la forma que los utilices. También puedes acercarlos a tus *chakras* o solo mencionar sus nombres (si es en voz alta mejor, sino igual es). También se pueden enviar a través del Tiempo y el Espacio a personas que quieras enviarlos para su apoyo.

Es muy importante, eso sí, para que los Cristales funcionen, que los invoques desde tu conciencia más alta y mientras más los apliques, mejor se memorizarán en tu agua celular y mayores serán los beneficios.

Pero no creas lo que yo te cuento. Te invito a que los utilices, juega con ellos y compruébalo tú mismo. Por otro lado, si no te sientes atraído por ellos, déjalos, que no pasa nada.

Con este libro te incluyo de regalo algunos de los cristales en imágenes muy bonitas para que los utilices en tus espacios, alimentos o agua (ver anexo al final del libro). Puedes encontrar mucha más información de los cristales en www.despertar.info

Yo los tengo siempre a la mano al lado de mi cama y por la noche tomo cualquiera de ellos dejando que "alguien" por mí escoja mi Cristal (igual como cuando se escogen las cartas del Tarot) y lo pongo debajo de una botella de agua de vidrio durante toda la noche. Al despertarme asumo que toda la energía del cristal está contenida en el agua y me la tomo agradeciendo a Dios con las palabras que ya te conté.

También a veces me llevo uno o más de ellos en mi bolsillo y billetera, para poderlos visualizar en cualquier momento del día. Mientras más se utilicen, mejores resultados obtendrás.

A continuación algunos Cristales para que los empieces a usar, funcionan inmediatamente, son gratis y no tienen contraindicaciones.

Usa y regresa a estas páginas con los Cristales las veces que puedas y quieras hacerlo.

Algunos Cristales

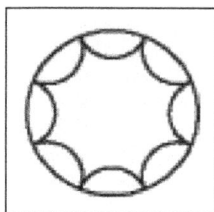

OMAR TA SATT / Saludo de los Trabajadores de Luz

OMAR TA SATT crea la energía de ser bienvenido. Acepta a todas las personas como sean. Libérate de los valores y normas y reconoce que te reflejas en tu prójimo. Pon

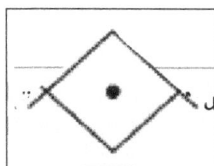

atención al sentimiento que envías a tu prójimo.

OM TAT SAT / Trabajadores de Luz

Eres un OM TAT SAT. Tienes una Misión. Dirige tu atención a tus puntos fuertes. Dirige tu atención al poder que llevas dentro. Cumple con tu misión.

AN´ANASHA / Agradecimiento

Agradecimiento por TODO LO QUE ES. Siente tu agradecimiento en ti y envíalo hacia afuera, para que se produzca una fluidez entre dar y recibir.

Di profundamente desde tu corazón AN´ANASHA por cada bloqueo y resistencia. De ésta forma te liberas de todo lo que te une y mantiene en la ilusión.

ENA / Perdón

Reconoce que todo lo que ha pasado hasta ahora en tu vida, ha servido para tu desarrollo. Envía AN´ANASHA y ENA a cada experiencia y deshazte de ésta sin valorarla. Sólo entonces te puedes liberar de tus bloqueos y ser libre. Acepta el perdón y perdónate también a ti mismo. En la veracidad no existe ningún perdón o pecado.

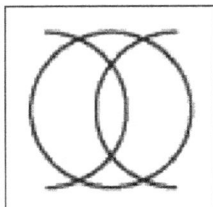

MONA´OHA / Confianza

Ten confianza en tu guía divino y reconoce que todo lo que sucede es para tu mayor bienestar. Pero reconoce que primero tienes que confiar en ti mismo, antes de que puedas confiar en otras personas o del mundo espiritual. Visualiza MONA´OHA y confía en la fuerza divina.

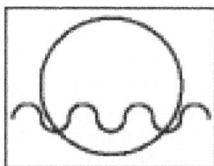

AVATARA / Centrado

El Cristal AVATARA te lleva a tu mitad y guía a tu alma a la tranquilidad y a la estabilidad. Utiliza AVATARA y entra en ti. Porque en el centro de ti mismo no existen dificultades, ni bloqueos, ni miedos. Siente el amor, porque es lo único que existe. Unifica tus Chakras en forma de un sol radiante.

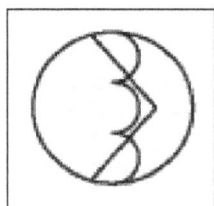

ATRANA / Sentimientos Puros

Siente tus sentimientos. Siéntelos sin valorarlos. No hagas juicio sobre ti. No hagas juicio sobre tus sentimientos. Reconoce la divinidad en cada uno de tus sentimientos. Envía a cada sentimiento AN´ANASHA

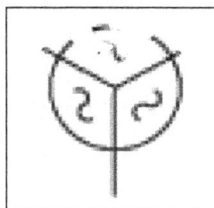

MOHA´RA / Pensamientos Puros

Aprende a pensar conscientemente y libérate de valoraciones. Elimina tus pensamientos de convicciones sociales y entra siempre que puedas en la neutralidad. Envía AVATARA al pensamiento que llega de tu Ego. De esta forma te liberas de valoraciones y empiezas a despertar el poder verdadero en ti.

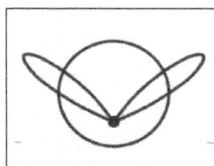

HAR´ATORA / Armonía

Este Cristal crea armonía. Visualiza o dibuja HAR´ATORA en tu aura y siente la tranquilidad y el equilibrio que se produce de HAR´ATORA que viene de la veracidad. Envía también HAR´ATORA a las habitaciones o a las tensiones que percibas en tu exterior.

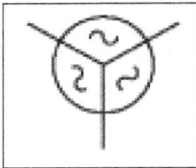

TANA´ATARA / Tranquilidad

La tranquilidad significa comprender completamente el juego de la ilusión. Sé sabio, confía en cómo actúa la veracidad y sé consciente de que la verdad siempre busca su camino. Reconoce también que llevas dentro de ti la solución a cada problema. Visualiza TANA´ATARA y siente la calma y la tranquilidad.

ONAR / Calma

Ve a tu mitad y encuentra ahí tu calma. Nada en el exterior te puede quitar esta calma que llevas profundamente en ti. Dirige tu foco hacia esta calma y siente la fuerza y la paz que reside allí.

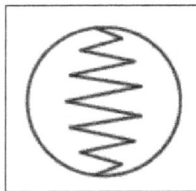

ANA / Luz

Que se encienda la luz en ti para que la puedas llevar al exterior. Entra dentro de ti y visualiza ANA. Imagina que existe ANA dentro de cada célula de tu cuerpo. Tu cuerpo está lleno de Luz y tu Luz irradia hacia fuera al universo.

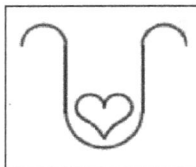

ELEXIER / Amor Incondicional

ELEXIER se origina en el Universo Central. En realidad puedes sentir una ligera parte de lo que significa ser amado inconmensurablemente en la veracidad. Todo está conectado entre sí a través de ELEXIER

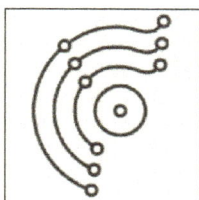

RUNA / Abundancia

RUNA te trae abundancia. Más allá del Portal Estelar no existen limitaciones ni carencias. Siente cómo te llega la abundancia desde allí. Pero ten en cuenta: que sólo recibirás siempre, lo que estés dispuesto a dar! Envía una frecuencia de riqueza y de abundancia y recibirás RUNA. Pon éste cristal en tu monedero o en el lugar que quieras crear abundancia.

O´SHANA / Acompañante de Luz

Incluso en la oscuridad más profunda de la ilusión tienes un acompañante que tiene cuidado de ti y que te supervisa. Siente la presencia de tu O´SHANA y envíale AN´ANASHA. Busca con O´SHANA el diálogo. O´SHANA siempre te apoyará en todas las situaciones de tu vida y nunca te abandonará.

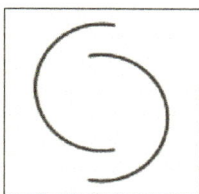

OSAM / Sanación

OSAM sana todas tus heridas. OSAM cura tu cuerpo mental, emocional y físico. También puedes enviar OSAM a través del tiempo y espacio y dejar que llegue sanación a ti mismo, a tus partes del alma o a otras personas.

SANANDA / Jesús El Cristo

Viviendo en la Nueva Era

A Jesucristo se le llama en los ámbitos cósmicos Lord Sananda. Jesús es la Luz, el Amor, la Verdad y la Vida. Visualiza el cristal para entrar en contacto con Jesús. Siente el amor y el perdón que te regala Jesús.

– VI –
¿QUÉ PASARÁ EL 21 DE DICIEMBRE DEL 2012?

Nada, lamento decirte que ese día no pasará nada, o por lo menos eso creo. Puede ser también que ese día sea un día movido que me pueda estar equivocando. En todo caso va a haber mucha expectativa, esperanzas y también miedos.

Lo que pasará ya está pasando y el 21/12/2012 marca solo una fecha central de todos estos acontecimientos que comenzaron a suceder en La Tierra en 1987, en el llamado Año de la Convergencia Armónica. Los cambios se están dando y podrán tomar unos 20 años más después del 2012 para consolidarse y afirmarse.

Según el calendario Maya y muchas informaciones que han estado llegando y que no es difícil ver a nuestro alrededor, el mundo está cambiando... y cambiará más (el cielo se está nublando, hasta ponerse a llorar, y la lluvia caerá, a, a, a, luego vendrá el sereno, la, la la...)!

Según los Mayas, el Universo cumple unos ciclos exactos y repetibles de 5.125 años que han afectado ya 5 veces a las civilizaciones en La

Tierra con grandes desastres naturales. Estos ciclos acaban y dan paso a una nueva civilización con un nivel de conciencia superior.

Ellos decían, o más bien dicen, que el Sol es un ser vivo que respira y que cada cierto tiempo se sincroniza con el universo recibiendo un chispazo del Gran Sol Central lo cual lo hace brillar más intensamente, produciendo lo que los científicos llaman erupciones solares y cambios magnéticos. La Tierra a su vez se ve afectada por el Sol manifestándose en un desplazamiento de su eje de rotación, lo que produce grandes cataclismos.

Decían que el 4to. Ciclo terminó con una gran inundación y que solo algunos hombres y especies animales y vegetales pudieron sobrevivir para continuar con la vida en La Tierra. El inicio del 5to. Ciclo, según su calendario astrológico, muy exacto además, está marcado en el año 3113 a.c. Entonces, el siguiente ciclo de 5.125 años empezará el 21 de Diciembre del 2012.

Según las profecías Mayas, el mundo de odio y materialismo terminará ese día y la humanidad tendrá la opción de desaparecer como especie pensante o desplazarse hacia una evolución armónica de más alta vibración con todo el Universo, comprendiendo que todo está vivo y consciente, que somos parte de ese todo y que podemos existir en una nueva era de luz, a los que ellos llaman la Era de la Mujer, de la Madre y de la Sensibilidad.

También decían que cada final de ciclo se anuncia con la finalidad de preparar a las personas para enfrentar el siguiente período y continuar la vida en La Tierra. Este anuncio se inicia, según los Mayas, con 20 años de antelación, en lo que ellos llamaban el Tiempo del No Tiempo, que en nuestro caso sería el año 1992. A partir de ese año la humanidad entraría en un período de grandes aprendizajes y de grandes cambios para poder abandonar el materialismo y sufrimiento.

También profetizaron que 7 años después de 1992, o sea en 1999 empezaría una etapa que nos enfrentaría con nuestra propia conducta. Dijeron que las palabras de sus sacerdotes serían escuchadas por todos nosotros como una guía para el despertar. Será un tiempo en que el hombre se mirará y analizará su comportamiento consigo mismo, con la naturaleza y con el planeta en dónde vive.

Dijeron que el comienzo de ésa época estaría marcado por un eclipse de sol que coincidiría además con una alineación planetaria sin precedentes en la historia. Predijeron que ese eclipse ocurriría el 11 de agosto de 1999 y a partir de ese momento comenzarían a correr los últimos 13 años. Según ellos, los últimos 13 años de oportunidad para nuestra civilización, para realizar una regeneración espiritual y para pasar en forma individual hacia una Nueva Era Dorada Planetaria.

En esa fecha también se dio una alineación planetaria muy particular:

Las informaciones hablan del final de una era y el principio de otra, en otras vibraciones y en otras dimensiones. Pero, ¿Qué significa esto?

En realidad es difícil saber y entenderlo, el hecho es que se están produciendo cambios importantes y que seremos testigos de excepción de esos cambios que serán maravillosos.

El nuevo tiempo y la nueva dimensión hará que nuestros cordones de ADN sufran modificaciones, es más, los niños nacidos desde 1987 ya tienen ese cambio incorporado. ¿Has escuchado sobre los Niños Índigo o los Niños Cristal?
Puede ser materia de un próximo libro.

El sistema de información de nuestra esencia estará entonces alterado, por decirlo así, lo que nos permitiría acceder a otra dimensión donde se potencializarán nuestras capacidades físicas, emocionales, mentales y espirituales. Podremos usar mucho más de ese 10% (algunos un poco más, otros menos) de nuestra capacidad cerebral, a la que hemos estado limitados hasta ahora.

Para que se den estos cambios, tendrán que derrumbarse por su propio peso viejas estructuras, llámense políticas, económicas, religiosas, etc., para poder dar espacio a este nuevo orden. Ya están cambiando muchas de éstas, así como el magnetismo que rige el planeta, con las pulsaciones del cosmos que se han ido elevando y se seguirán elevando.

Las vibraciones de las cuales ya hemos hablado, se elevarán hacia una conciencia superior. Las vibraciones del planeta, de las personas individuales y del colectivo en general.

Nuestro papel, en esta etapa de cambio de era, es simplemente la de vibrar a frecuencias mayores, para poder vivir y estar en armonía con estas nuevas y hermosas posibilidades de vida en La Tierra.

– VII – PALABRAS FINALES (QUE ESPERO NO SEAN FINALES)

Nadie puede saber a ciencia cierta si estos cambios dramáticos que se están anunciando se darán. Y si se dieran, no sabemos exactamente como serán.

Lo cierto es que todos nosotros tenemos una responsabilidad y una misión que cumplir en esta vida, y es ser felices. Cuando Dios nos creó, escondió nuestra felicidad en un sitio secreto, donde nadie pudiera quitárnosla nunca: dentro de nosotros.

Dicen que no hay fórmula para la felicidad, o quizá demasiadas fórmulas. A continuación una buena y sencilla de entender y practicar. Esta fórmula infalible de la FELICIDAD es:

PLACER + PAZ = FELICIDAD

Nada más. Suena sencillo, ¿no? Parece simple pero no fácil y eso lo sabemos todos. La vida es muy agitada, tenemos que pagar cuentas, lidiar todo el tiempo con la adversidad, en una lucha constante y pareciera que sin tregua ni cuartel.

Pero conociendo algo de lo que te he contado en este libro, creo podrás entender mejor las cosas y te ayudará a elevar tus frecuencias vibratorias para irradiar y a la vez atraerlas a tu vida, acercándote más a tu alma que es donde está tu verdadera paz.

Pero como estamos en la Tierra y con cuerpos humanos, tenemos la posibilidad de combinar el placer con la paz y ser plenamente felices. Muchas veces se nos ha dicho que el placer es pecado, ¡nada más alejado de la verdad! Lo que no está bien es el placer que no te da paz. O la paz que no te da placer, porque para eso no tendríamos un cuerpo biológico con los sentidos de la vista, olfato, tacto, oído y gusto.

Como ya hemos visto en la Ley de la Polaridad, no existe un lugar llamado paz y otro no-paz, sino que es como en el caso del termómetro, grados de mayor o menor paz. Igual con el placer, hay situaciones placenteras y otras no tanto.

Ser feliz es gratis pero no viene gratis, la felicidad hay que trabajarla. Preocúpate en transmutar las situaciones y busca siempre donde encuentras tu felicidad, en el nivel que sea más alto y correcto en cada momento. Si tienes que hacer por ejemplo algo que no te agrada, trata de buscarle algo bueno y concéntrate en lo que te agrada de esa situación, no en lo que no te gusta.

Piensa y busca siempre que situaciones en tu vida tienen esta combinación mágica y trata de acercarte y permanecer el mayor tiempo que puedas en ellas. Por otro lado, si alguna situación no te está produciendo placer y paz, déjala si puedes o busca en ella cómo conseguir más de estas dos variables

Cuadro de la Felicidad

103

Revisa un poco las situaciones de tu vida, tal como tus estudios, tu trabajo, tus amigos, tu deporte y trata de ubicarlos en el cuadrante superior derecho poniéndoles un puntaje del 1 al 9 de acuerdo a cuanta paz y placer te producen. Luego multiplica el número que le diste a esa situación o relación (Placer 8 x Paz 6 = Felicidad 48) y trata de llevarla más arriba buscando más placer y paz, el número máximo es el 81 (9)!

Si para ti la felicidad es tener un Mercedes Benz y te causa placer tenerlo y manejarlo, fíjate también si te trae paz. De repente no puedes estar en paz porque estás siempre preocupado porque te lo rayen o te lo roben, o por que las letras que tienes que pagar a fin de mes son muy agobiantes, entonces la sugerencia es que lo cambies por otro auto que te produzca placer, pero con paz.

Las drogas por ejemplo pueden causar placer en el momento que las usas, pero la dependencia que pueden crear definitivamente no te va a dar nada de paz.

La maravilla de todo esto es que la mayoría de situaciones donde podemos encontrar placer + paz es en las cosas más simples y baratas de la vida, pero que no nos detenemos a vivirlas. ¿Quién no siente placer y paz estando sentado frente a una puesta de sol? ¿Quién no siente placer y paz estando sentado en un jardín viendo las flores y escuchando los cantos de los pajaritos?

Para mí la felicidad máxima es por ejemplo nadar en el mar con mis amigos, a lo cual le doy ¡un 9 de placer y un 9 de paz! La fórmula atómica es "Amigos + Deporte + Naturaleza". Y este estado de felicidad no se acaba cuando la actividad termina, sino que dura un buen tiempo después. Es más, puede durar para siempre si la revives en tu mente, y eso puedes hacerlo las veces que quieras porque así funciona la cosa. Tu mente puede crear o recordar situaciones felices que te harán sentir feliz, o también crear o recordar situaciones infelices, que te harán sentir infeliz.

Cuando compartes esos estados de felicidad con otra gente que siente lo mismo que tú, sucede una fusión y sinergia interesante, en la que todos pareciera que son uno. En mi grupo de nadadores de Aguas Abiertas somos hombres y mujeres de 18 a 70 años, hay empresarios, amas de casa, estudiantes, solteros, casados, viudos y divorciados, pero no es posible sentir ninguna diferencia entre nosotros cuando estamos disfrutando nuestras aventuras en el mar.

En la medida que estés mayor tiempo en esos estados de felicidad, la vida te irá cambiando e irás cambiando la vida también a todos los que te rodean. Es como lo hace un deportista, no tiene que estar haciendo deporte todo el día para sentirse bien. Le bastará quizá 1 hora diaria para sentirse bien todo el día y ser saludable.

Si mi fórmula de la felicidad basada en conseguir momentos felices te pareció demasiado simplista, a continuación pongo a tu consideración 10 principios un poquito más elaborados (pero no menos simples, verdaderos, reales y gratis) para conseguir la tan ansiada felicidad.

– VIII – DECÁLOGO PARA CONSEGUIR LA FELICIDAD

1.- "Nadie va a darme la felicidad, sólo yo puedo conseguirla"

Con este primer principio tomamos la responsabilidad de nuestra vida y nos permitimos empezar una búsqueda esforzada por encontrar eso que tanto buscamos.

2.- "Yo soy un ser único en toda la tierra, nadie me comprende mejor que yo, y nadie sabe lo que yo necesito mejor que yo."

Con este segundo principio dejarás de darle tanta importancia a las cosas feas que otras personas puedan decir de ti. Ya no te vas a deprimir con cualquier comentario negativo de ti. Ya sabes que ninguna opinión es tan importante como la tuya, porque nadie te conoce más que tú mismo.

3.- "Lo que recibo ahora es lo que sembré ayer, y lo que siembre ahora será lo que reciba mañana."

¿Te acuerdas del principio Hermético "La Ley de la Causa y Efecto"? Has aprendido, ¿ah? Bueno aquí lo aplicamos: Este tercer principio te permite reconocer que tus problemas actuales son resultado de acciones incorrectas del pasado, pero que a la vez, este momento es el indicado para ir sembrando tu futuro.

4.- "Ni el pasado ni el futuro pueden lastimarme, sólo el presente tiene valor en mi vida."

Si entiendes este cuarto principio, le darás toda la importancia y valor que tiene el momento presente para ti y le restarás importancia a los hechos pasados que te puedan estar causando remordimientos y que te coman el coco, así como a lo que va a pasar en el futuro que te puede estar angustiando.

5.- "Sólo yo decido lo que debo hacer en este momento."

Es decir, ¡no le hagas caso a nadie! Eso te gustó, ¿no? Escucha a todos, pero no le hagas caso a nadie, ¿entendiste? ¡Ni siquiera me hagas caso a mí cuando te estoy diciendo esto! Debes entender que las influencias ajenas son tan sólo eso, influencias, y eres tú la única persona que puede decidir qué hacer en este instante. Además que la persona que va a pagar o recibir la recompensa vas a ser tú también, nadie más.

6.- "Sólo en el amor y en la paz interior puedo tomar las decisiones correctas."

Es decir, si tenemos que actuar en el tiempo presente, tendremos que hacerlo en paz y con amor. Ten por seguro que las decisiones que tomes en odio, rencor, envidia, etc., no te van a salir bien. Las decisiones que tomemos tienen que estar inspiradas en nuestra más alta capacidad tanto de servicio como de inteligencia.

7.- "En mis decisiones tomaré siempre en cuenta el beneficio de los demás."

Gran secreto para la felicidad. Es decir, tomaré aquellas decisiones que beneficien a la mayor cantidad de personas. De esta forma, mi vida se estará encaminando hacia la más alta gloria, que es la de recibir la compensación por el servicio prestado a los demás.

8.- "Mi cara es el reflejo de mi estado interior."

Es decir, tenemos que cuidar nuestra cara, importante. Y no digo que cuando empiecen a salir arrugas ir al toque a plancharlas, porque yo creo que las arrugas hacen hermosa a cualquier persona. Nuestra cara debe brillar siempre con una sonrisa. Que tus ojos vean el alma de las personas, todo lo bello alrededor y se encuentren siempre prestos a mandar una mirada de amor, porque de esta forma podremos transmitir la serena armonía de quien ha aprendido a caminar por el sendero de la felicidad.

9.- "Soy una persona al servicio de la humanidad."

Es decir, todo lo que yo haga, todo lo que yo diga, todo lo que yo piense o sienta, servirá para bien de la humanidad, o bien, para la perdición de ella.

10.- "Yo tengo una misión en la vida: ser feliz y hacer feliz a los demás."

Este último principio da sentido a nuestra vida acá en la tierra y a la vez orienta nuestras acciones hacia el beneficio de toda la humanidad.

El trabajo que puedes hacer para mejorar el mundo es personal, empieza por ti. Trabaja en tu felicidad y automáticamente estarás trabajando en la felicidad de los otros.

Yo si me creo todo lo que digo y mi intención al escribirlo es reafirmarlo y que tú conozcas también lo que yo veo, lo creas o no. Hay muchísima información sobre estos temas en las librerías e internet, a la que puedes acceder si te interesa conocer más.

Yo me quiero quedar en este mundo que me parece maravilloso. Quiero seguir entrando a nadar en el mar con mis amigos, quiero seguir cocinando y comiendo tantas cosas ricas, quiero seguir bailando y escuchando el canto de los pájaros. Quiero seguir descubriendo tantísimas cosas que tengo todavía por descubrir, conocer otros lugares y más gente maravillosa.

Yo no quiero morir e irme al cielo, a mí me gusta acá. Por eso, si me tengo que morir, pido regresar de nuevo. Es por eso que voy a hacer todo lo que esté a mi alcance para lograr que esos estados de felicidad de los que te hablo sean cada vez más, hasta lograr que se convierta en un estado permanente. Me encantaría poder hacerlo y que tú también lo logres.

Debemos manifestar a nuestro Yo Superior y a Dios esta intención, de despertar nuestra conciencia hacia ese estado y se nos irá dando el camino a seguir. Esto será cada vez más claro y sencillo en esta Nueva Era. Lo maravilloso, lo quiero reiterar, es que todo lo que necesitamos ya lo tenemos, solo debemos descubrirlo y tomarlo porque es nuestro y nos corresponde.

Espero que hayas disfrutado leyendo este libro tanto como yo he disfrutado escribiéndolo. ¡No compres pirata!

¡Te deseo mucha Felicidad en tu vida y ya nos seguiremos viendo Viviendo en la Nueva Era!

PD Me han quedado en el tintero tantos temas e informaciones tan importantes que han seguido llegando mientras este libro ya estaba en proceso de publicación en cuanto a La Nueva Era. Cada vez llega más y con más fuerza. Pero como no quiero ser asesinado por mi editor, dejaremos esos temas para Vivir en La Nueva Era II que ya lo empecé a escribir. Vienen tiempos maravillosos, ¡agárrate!

Namaste!

Honro el lugar en ti en el que todo el Universo habita

Honro el lugar en ti que es de Amor,
de Verdad de Luz y Paz

Cuando estás en ese lugar en ti y estoy en ese lugar en mí,
Somos Uno

BIBLIOGRAFÍA

Los Tiempos Finales	Lee Carroll
No piense como un humano	Lee Carrol
Formando sociedad con Dios	Lee Carroll
Metafísica al Alcance de Todos	Conny Méndez
El Milagro del Agua	Masaru Emoto
Organización Despertar	www.despertar.info
Ciudad Virtual de la Gran Hermandad Blanca	www.hermandadblanca.org
Y Jesús Amaba a la Mujer	JACOPO FO
Cromoterapia	Monserrat Heredia
Escuela Kryon	www.escuelakryon.com
Nueva Medicina Germánica	Dr. Ryke Geerd Hamer